新潮新書

との住処

1964-2020

848

新潮社

はじめに――ふたつのオリンピック

1964年と2020年、ふたつのオリンピックを補助線にして、日本の過去と未来について話そうと思う。そしてその補助線を使って、都市と建築の、過去と未来について考えてみたい。

都市はどこに向かっていくのだろうか。そしてわれわれの生活は、どんなふうに変わっていくのだろうか。そもそも、人間にとって住まいとは何なのか、そして人間と建築とは、どのような関係にあり、その関係は、どのように変わっていくのだろうか。流れ続けていてつかみどころのない、僕らの時代の中に、補助線をうまく引くことができたなら、もやもやして、出口のないように見える世界が、人間という得体の知れないものに、少しはすっきりと見えてくるかもしれない。

日本の現代史は複雑にうねり、絡まっていて、要約するのは決して簡単ではない。しかし、1964年（第一回の東京オリンピック）と2020年（第二回の東京オリンピック）というふたつの補助線を引くと、かなり話がわかりやすくなり、歴史の構造がクリアになる。さらに、このふたつの他に、1970年の大阪万博、1985年のプラザ合意をきっかけとする産業資本主義から金融資本主義への転換、1991年のバブル崩壊、2011年の東日本大震災といった補助線、時代の節目にまつわる個人的な思い出を辿りながら、日本の現代という、起伏に富んだ時代の大きな流れを辿ってみたい。

幸いなことに、1954年生まれの僕は、これらの重要な補助線の現場に、自分自身で立ち会うことができた。そのいくつかには、当事者として巻き込まれた。それはそれで結構大変なこともあったわけだけれど、そこで見聞きした事、感じた事、発見した事、反省した事を、後の世代にしっかり伝えたいという一心で、筆をとった。くたくたになりながら補助線と併走した人間だからこそ、伝えなければいけない。そう考えている。

ひとの住処　1964-2020　目次

第1章　1964――東京オリンピック

工業化社会は建築の時代

1964年に第一回の東京オリンピックが開かれた。このオリンピックは、僕の人生を変えてしまうほどに大きなイベントだった。変わってしまったのは、僕一人ではなかった。

多くの人が指摘するように、1964年は、戦後日本の高度成長のひとつのピークであったし、東京オリンピックこそ、20世紀の工業化社会を象徴する祭典であった。では、なぜ1964年のオリンピックは、工業化社会を象徴しているように感じられるのだろうか。あの東京オリンピックとは、はたして何だったのだろうか。

20世紀とは、一言で要約すれば、工業化の社会であった。工業化社会は同時に、建築の時代でもあった。工業化の主役は何かと聞かれると、自動車がそうであったとか、テレビ、ラジオなどの電気製品が時代をリードしたとかの答えが一般的だろう。大量生産で大量の商品を製造し、売買するというのが、一般的な工業化社会のイメージである。しかし、工業化社会の真の主役は建築だった。

なぜなら、自動車も電気製品も、「家」のために買われたのであり、「家」という人生の大目的に、従属する存在だったからである。

「家」とは正確にいえば、20世紀になってはじめて、誰もが手に入れられるようになった「郊外の家」のことである。19世紀までは、ほんの一部の限られた人だけが、「家」を新たに手に入れたり、「家」を新しく建てることができた。19世紀までは、「家」がなかったといってもいい。先祖から引き継いだボロ屋に住んだり、街の中の小さなスペースを借りて住むというのが普通であり、ピカピカの新しい家を建てるのは、大金持ちにしかできない、とんでもなく例外的で贅沢な事件だった。

しかし、20世紀のアメリカで、誰でも郊外に「家」が建てられるようになり、「家」から都会にある会社に通うために、同じくピカピカの車が必要になり、ピカピカの家を飾り立てるために、ピカピカの電気製品が必要となったのである。

20世紀のアメリカがその新しいピカピカなシステムを発明した。森林や草原を自由に開発させ、住宅ローンという制度を作って、庶民に家を作る資金を用意することで、この「家」を中心とするシステム、「建築」をエンジンとする経済システムがブンブンと駆動し始めたのである。

「家」というニンジンをぶらさげられて、20世紀の人々は必死に働きはじめ、ひたすら消費するようになった。さらに、都会には、その必死に働く人達のために超高層ビルというニンジンが次々と建てられていった。ピカピカの超高層で働く人が、選ばれたエリートとみなされた。森や草原を自由に破壊することが許されていたように、20世紀初頭の都会には、高さの規制もなかったから、クライスラービル（１９３０）やエンパイアステートビル（１９３１）のようなニンジンは、いくらでも高く建てることができた。高いニンジンにひき付けられて、郊外から人々が都会へと通勤した。

家とビルがどんどん建てられ、その大きさ、豪華さが競われることで、莫大な経済的効果が生まれた。20世紀初頭、アメリカ経済がヨーロッパ経済を抜き去り、凌駕《りょうが》するようになったのは、「建築」という武器のおかげであったといわれる。自動車とか家電製品は、実はすべて、建築という武器、建築という欲望に従属し、ぶらさがっていたともいえるのである。その意味で工業化社会の真の主役は、建築であった。

そして「家」を建てるために、「家」を手に入れるために、人々はかつてないほどに、必死で働くようになった。ローンを払い終わるまでは、さぼることも、考えたり迷ったりすることも許されなかったのである。人々はあらゆる意味で不安定を嫌い、政治にも安定が最優先された。これが、工業化社会、実のところ建築化社会の正体だったのである。工業化を支配したモダニズム建築の父といわれるル・コルビュジエ（1887〜1965）は、その代表的著作である『建築をめざして』（1923、日本語訳1967、鹿島出版会）の最後を「建築か、革命かである。革命は避けられる」という有名な一文で締めくくっている。建築というエサを与えれば、大衆は革命など起こそうという気にならず、黙って働き、保守化していくということを、コルビュジエは見事に予言していたわけである。

20世紀初頭のアメリカで発明されたこの新システムの、最高、最大の優等生（いい子）が、戦後日本であった。日本は、アメリカに学んで、アメリカ製品以上の性能を有する自動車や家電を作るようになったが、それ以上に建築においてこそ、日本は優等生ぶりを発揮した。

それが可能になったのは、戦前までの日本に、あまりに「建築」がなかったからである。東京は低層、木造のアパートや借家で埋めつくされていた。防火、防災のために、すべてを建て直す必要があると、政府は考えた。日本の都市はあまりに低く、ボロく、みすぼらしいと考えたのである。しかし、建て直すには強い動機、欲望がなくてはいけない。それを可能にする制度的裏付けがなくてはいけない。アメリカが、住宅ローン制度をはじめとするそのやり方を日本に教えてくれたのである。建築を中心に、具体的には建設業をエンジンに、日本の戦後システムは、アメリカをモデルとして力強くまわりはじめたのである。

戦後日本のシステムと吉田五十八《いそや》

戦後日本の自民党政治は、このエンジンを後押しし、またエンジンの力を最大限利用した。すなわち戦後自民党政治は、土建業というエンジンと一体であった。民間の経済力が充分でない間も、自民党政権は、公共事業で経済を先導し、たくさんの道、橋、ダムを作り、立派な庁舎や文化施設を建て、エンジンにはずみをつけた。「建築」と連帯することが、政権の安定に大きな役割をはたすことを、日本はアメリカから学んだのである。

日本の戦後体制をデザインした宰相吉田茂はイギリスの宰相チャーチルを敬愛し、自分のモデルとした。チャーチルは「人が建築を作ると、建築が人を作ってくれる」という有名な言葉を残している。これは人間と建築との関係の本質に通じる、きわめて示唆的なコメントであり、同時に、「建築」をエンジンとして発展した、戦後日本システムの根底を支えた「建築信仰」の基礎理念として読むこともできる。チャーチルはイギリスの貴族モールバラ家の出身であったが、モールバラ家は、貴族としては新興であることにコンプレックスを持っており、そのコンプレックスが、彼らをして、ブレナム・パ

図1　チャーチルの生家、ブレナム・パレス（オックスフォード）

レス（1722、図1）という建築史に残る、巨大で壮麗な邸宅を作らせたともいわれる。一族のコンプレックスが、チャーチルの箴言《しんげん》のベースにあったように、僕には感じられる。

　チャーチルの「建築信仰」は吉田茂に引き継がれ、戦後日本に移植されて、そのまま政治、経済、文化の骨格を作った。吉田の理念を引き継いだ池田勇人《はやと》の「持ち家政策」は、戦後日本の繁栄の基礎を作った。その吉田自身の邸宅（1947、図2）は、新興数寄屋建築の父と呼ばれた吉田五十八（1894～1974）によってデザインされた、建築史に残る名作である。吉田五十八は岸信介邸もデザインし、「総理の建築家」と呼ばれ、吉田五十八に家をデザインしてもらうことが、

図２　吉田五十八による旧吉田茂邸（昭和30年代当時）

図３　著者が手がけた第五代歌舞伎座（2013年）

総理大臣の要件であるように言われたこともある。吉田は第四代の歌舞伎座（1951）をデザインし、いまだに芥川賞の選考会場として使われ続けている、日本を代表する料亭、新喜楽《しんきらく》（1940）をデザインし、戦後という時代そのものをデザインした。ちなみに僕は第五代の歌舞伎座（2013、図3）をデザインすることになって、吉田五十八と戦後日本の関係について、様々に考えを巡らすことになった。

吉田五十八は「和の大家」と呼ばれたが、吉田スタイルは、工業化社会の制服であったシンプルで機能的なモダニズム建築と、日本の数寄屋建築との折衷であった。その折衷の巧によって、その工業化社会への理解の深さによって、彼は「大家」と呼ばれたのである。

田んぼの中の新幹線

その戦後日本システムが、本格的に駆動し始めたのは1960年代である。オリンピックが東京に来ることが決まったのは、まさにその絶妙のタイミングであった。アジアで初めて開かれる歴史的なオリンピックのために、「古くボロい」日本は一掃されなければならず、新しいピカピカの日本を世界に見せなければならない。その大目的のために、戦後システムが総動員された。手っ取り早く、かっこをつけるためには、民間主導では遅すぎる。オカミの号令のもと、新しいピカピカの日本を世界に対してプレゼンテーションするために、弾丸列車（新幹線）や首都高速道路が構想され、24時間、3交代制の突貫工事で、巨大なコンクリートの建造物が建設されたのである。

その新しい景観の登場に、10歳の僕は圧倒された。僕の横浜の家から、田んぼの中に新しく建設された新横浜駅まで、歩いて数分の距離だった。ザリガニ釣りと、トンボ獲りに通い、自分の庭のように思っていた田んぼの真ん中に、突如、工事用の仮囲いが建てられ、そこからニョキニョキとコンクリートの太い橋脚が立ち上げられていく様子にびっくりした。

「環境破壊」という言葉は、まだ日本人の語彙にはなく、当然10歳の僕の中にもなかった。ただ、馬鹿でかいコンクリートのフレームを見て、スゲーと思った。

それを実際以上にスゲーと思う素地が、実は僕の中にあった。新しくてピカピカな建築とは対極の、古くてボロいものの側に、僕も、僕の家族も属していたのである。だから、余計に、ピカピカの物達を、スゲーと感じたのである。

ボロい家

では僕らはどうボロかったか。

まず父が年をとっていた。父は結婚が遅く、僕は父が45歳の時に生まれた長男で、1964年の時点で父はすでに55歳であった。三菱系のかたい会社につとめていた父は、その時すでに関連会社に出されていて、「自分は年寄で、いつ首を切られてもおかしくない。がまんして質素倹約しろ」というのが口癖だった。明治生まれの父の口ぶりは、威圧的で、家族が反論したり、言い返したりできる雰囲気はまったくなかった。父がその話をするたびに、そもそも古くて暗かった家の中が、さらに暗く、ズシリと重くなった。

家は暗いだけではなく、小さかった。母方の祖父は東京の大井（品川区）で小さな医院を営んでいたが、人とつきあうのが苦手で、週末の畑仕事だけが唯一の息抜きだった。その土いじりのために、大倉山（神奈川県横浜市）の農家から小さな畑を借りて、その中に小さな木造の小屋を建てた。戦前の1942年だった。それを戦後、父と母が、新居として使っていたわけである。

戦前の日本には、1939年に制定された住宅の面積制限があって、床面積の上限が100平方メートルであったのだが、わが家は、それよりはるかに小さくて、規制のことなど心配する必要もなかったのである。

週末の畑いじりのための小屋のようなものだから、いたって簡素な家だった。和風といえば和風だが、いわゆる数寄屋造りのような洒落たものとは程遠かった。どの部屋も畳敷きで、土壁だったが、程度の悪い土壁はどんどん割れていき、畳の上に落ちた土のせいで、床はザラザラとしていた。土壁のヒビを父はガムテープで補修していたので、絆創膏をはったような惨めな感じだった。質素倹約がモットーの父は、これ見よがしに、壁じゅうを絆創膏で補修した。サッシは当時普及しはじめていたピカピカのアルミサッシではなく、木製の引き違い戸なので、隙間風が吹き込んできて、冬はひどく寒い家であった。この家が恥ずかしくて仕方がなかった。大嫌いだった。

この小さくてボロい家とは対照的なピカピカの家が、当時、恐ろしい勢いで増殖していた。友達の住むそんな「新しい家」を訪れるたびに、その明るくてピカピカとした材料——たとえばピカピカのビニールクロス、ピカピカでツルツルのフローリング、明るすぎる蛍光灯、ピタッとしまるアルミサッシ、大きなテレビや冷蔵庫に圧倒された。わが家と違って、夏はクーラーで涼しかったし、冬は気持ちが悪いほど暖かかった。

そんな家に住む友達の父親も、大抵、家と同じように若々しくて、背筋はまっすぐで、すべてがピカピカとしていた。定年間際で、くすみ、疲れていた僕の父親とは大違いだった。古く小さい家は、僕の家族のボロさを象徴しているようで、よけいに大嫌いになった。

そのせいで、友達の家を観察することに、特別の関心があった。僕は幼稚園の頃から、電車（東急東横線）に15分乗って、大倉山の家から田園調布（大田区）まで通っていた。母の父である祖父は東京が嫌いで、週末の横浜で畑仕事に熱中していたのに、母はその反動で田舎も畑も嫌いで、幼稚園も小学校も、高級な住宅地として知られていた田園調布まで、僕を電車で通わせていたというわけなのである。

大倉山から田園調布までの8駅それぞれに友達が住んでいた。当時（1950年代～60年代）は、東京が一番変化した時代であった。木造の小さな家が密集する「小さな東京」が、コンクリートのビルとマンションの「大きな東京」へと、ものすごいスピードで転換していく様子を、僕はすぐ脇で眺め、じっくりと観察し、目に焼きつけた。

その転換のスピードは、それぞれの街、それぞれの駅によって様々で、ひどくバラツキがあった。駅がひとつ違うと、時に10年、時に50年くらいタイムスリップしたように感じた。友達の家に遊びに行くのは、不思議なワープの旅であった。それは、様々な家に出会う旅であったし、様々な人生、様々な街、様々な都市計画、様々な経済に出会える旅でもあった。

里山で育つ

なかでも、大倉山の僕の家のまわりは、一番の田舎だった。僕の家は駅から100メートルしか離れていなかったが、家の二軒裏には、祖父に畑を貸してくれていた農家の大きな家があって、その家の裏は、すぐ山になっていた。その山が大倉山という名前だったのである。

僕はそこで里山という日本独特の集落の形式を体で学ぶことができた。山裾に里があるのが、日本の集落の基本的な形式である。山の中でもなく、田んぼの中でもなく、山と田んぼの接する場所に、日本人は集落を作ってきたのである。なぜなら、山は建築や、家具や道具の材料を供給してくれるだけではなく、山そのものがエネルギーのインフラだったからである。

19世紀以前の日本には、当然のことながら、電気会社も、ガス会社もなかった。そのかわりに山がインフラとして機能し、山から切った薪を燃やして調理をし、お湯をわかしていたのである。だから山は、日本人の生活には必要不可欠な存在であり、家々は山という唯一のインフラに寄り添うように建てられていたのである。

そうやって里ができ、里を支えていた山は、里山と呼ばれていた。そして、人々は里山と里の境に神社を建てた。里山は神聖なものであり、里山を荒らしたり、粗末に扱ったりしたら、われわれは生き続けられないと考えて、山裾に神社を建て、山を守り続けたのである。

僕の生まれ育った大倉山は、典型的な里山であった。１９６４年のオリンピック以前には、横浜にも東京にも、里山はたくさん残っていて、里山と一体になった暮らしが存在していたのである。

僕の家の二軒裏の農家は、同い年のジュンコちゃんの家で、僕らは里山の裾の彼女の家のまわりで、毎日遊んでいた。

里山の裾は、水が豊かでジメジメとしている。ジュンコちゃんの家の裏には、大倉山に向けて、二本の洞窟が掘られていた。僕の母は、父と結婚する前、戦争中から大倉山のこの小さな家で暮らしていたので、洞窟にはいろいろな思い出があった。空襲のサイレンが鳴ると、みんなで洞窟に逃げ込んだのである。母はこの洞窟の中で静かに本を読むのが好きで、空襲が終わって、みんなが家に帰ってからも、洞窟の中で本を読み続けていたらしい。

母にとっては図書室であった洞窟だが、僕はそこに住む、ゲジゲジ、ムカデが苦手だった。巨大なガマガエルも棲んでいた。僕が気に入っていたのは、洞窟の前に掘られていた深い溜池の方で、ここではザリガニがいくらでも獲れた。糸の先に餌をつけて、深い色の水の中に垂らしていくと、糸はどんどん沈んでいった。引きがあったら、素早く糸を引き上げるのである。

ジュンコちゃんの家には、様々な生き物がいた。小さな祠《ほこら》の脇には、里山から浸み出した水が流れていて、沢ガニが棲んでいた。鶏にもヤギにもそれぞれ小さな家があったが、最も近くに棲んでいたのは青大将と呼ばれる大きな蛇で、台所の床板をはずすと、長くテカテカとした緑色のものが眠っていた。

図４　長野宇平治による大倉精神文化研究所（1955年前後当時）

このジュンコちゃんの魔法の庭の、ヤギ小屋の脇から、竹ヤブを抜けて、大倉山の山頂に到達する、僕らだけが知っている秘密のルートがあった。大倉山駅から、山の頂までは、アスファルトの道が通っていたが、僕らはいつも竹をつかみながら、急峻な竹ヤブの中を登って、最短距離で里山を制覇した。湿った山裾から、暗くてざわざわとしている緑色の竹ヤブを抜けていくと、突如明るい尾根に出るのである。

お化け屋敷とアーツ・アンド・クラフツ

大倉山の山頂には、大倉精神文化研究所という、お化け屋敷のような不思議な建築が建っていた（図4）。少しだけ国会議事堂にも似ているのだが、僕が里山で遊んでいた当時は、閉鎖されていて、列柱にジグラット状の屋根を載せた廃屋は、見たこともないデザインで、ただ不気味だった。

大学に入学してから、これが辰野金吾《たつのきんご》（1854〜1919）の弟子の長野宇平治（1867〜1937）の作品であることを教えられた。辰野金吾は、僕も教鞭をとった東京大学建築学科の最初の日本人教授である。明治政府は、西欧風の建築を教えることを最優先して、まずイギリスから、若き建築家、ジョサイア・コンドル（1852〜1920、図5）を招き、初代の教授とした。1877（明治10）年のことだ。明治政府としては、イギリスから少壮のエリート建築家を呼んだつもりだったのだろうが、このコンドルの正体は、少しひねくれた今時の若者であった。明治政府は、古代ギリシャ・ローマに端を発する正統的な西欧建築、別名古典主義建築をしっかりと日本に移植しようと考えていたのだが、コンドルという若者は、正統的古典主義建築に疑問を感じ、別のデザインの可能性を模索していた。明治政府が望んでいたような優等生ではなかったのである。

コンドルの先生は、ウィリアム・バージェス（1827〜1881）という建築家で、

19世紀末にイギリスで起こったアーツ・アンド・クラフツ運動の一員であった。バージェスの代表作は、ウェールズのカーディフ城（1868～1881）で、中世の城のようなゆったりとした外観が特徴的であった。アーツ・アンド・クラフツの人々は、19世紀のイギリスで吹き荒れた産業革命に異を唱えた。機械を用いたシステマティックな大量生産に異を唱え、中世の職人のような手仕事の復活を提唱した。アーツ・アンド・クラフツ運動のリーダー、ウィリアム・モリス（1834～1896）は、赤いレンガを積み上げて「赤い家」（1859、図6）を作り、中世の壁紙を復刻し、曲木《まげき》細工の家具を販売した。彼らは中世主義者と呼ばれ、古代ギリシャ・ローマの神殿建築を原型とする正統的な古典主義建築に対して異を唱えた。ルネサンス以降のヨーロッパでは、古典主義建築が正統とされ、古典主義建築を教え

図5　東京大学工学部建築学科前のコンドル彫像（本郷）

ることが、建築教育だとされてきた。厳密で数学的なプロポーションを優先する威厳があって、エラそうな古典主義建築をアーツ・アンド・クラフツは批判した。ルールやシステムに縛られない中世の職人たちが、彼らの理想像であった。

バージェスに学んだコンドルも、産業革命を憎み、古典主義建築のことを嫌う、当時のいわばヒッピーであった。そんなヒッピーだったからこそ、アジアの果ての日本からの誘いに乗ったのである。まともな優等生が日本に来るわけもなかった。

日本にやってきたコンドルは悩み続けた。明治政府は正統的な古典建築の教育を望んでいた。岩崎家、三井家などの明治の大金持ちも、イギリスからやってきた東京大学教授に、正統的な古典主義建築をデザインしてほしいと望んでいた。しかし当のコンドルは、古典主義とは別の途《みち》を捜しに、わざわざ日本までやってきたのである。アジアの中に、古典建築を超えるヒントがあると信じて、彼はイギリスを捨てて、世界の果てまでやってきたのである。

コンドルは引き裂かれていた。財閥の望みにしたがって、開東閣（1908）、三井倶楽部（1913、図7）などの古典主義的な大邸宅をデザインした。しかし、それはあくまで生活のための仕事であって、彼の興味、彼のやりたいことは別の場所にあった。

図6　ウィリアム・モリスの「赤い家」（イギリス、ベクスリーヒース）

図7　コンドルによる綱町三井倶楽部（東京、三田。1968年当時）

アジアの意匠を取り入れデザインした鹿鳴館は不評で、すぐに取り壊された。日本画の大家、河鍋暁斎《かわなべきょうさい》（1831〜1889）の門をたたき、河鍋暁英の号をもらって、不思議な絵を描きまくった。

そもそも河鍋暁斎は、明治画壇においては異端であった。明治の画壇は、岡倉天心（1862〜1913）を理論的リーダーとし、横山大観（1868〜1958）がスターであった。ヨーロッパの大アーティストのように偉そうにすることを、天心は彼らに教えたのである。ヨーロッパの芸術家と社会との関係を、天心達は日本に移植しようとしていた。日常の風俗を、酔っぱらった勢いで、驚くべきスピードで楽しく描きまくる河鍋暁斎のスタイルは、江戸から抜けきれない、時代遅れのスタイルだと見なされていた。

しかしコンドルは、河鍋の雑多さ、アーティストらしくないところをおもしろいと感じて、弟子入りしたのである。コンドルは、あらゆる意味で、中世主義者であり、反近代であった。彼は花街に通い、新橋の芸者に子供を産ませ、正妻の前波くめも花柳流の舞踊家であった。

コンドルを引き継いで、最初の日本人教授となった辰野金吾は、佐賀の貧しい家に生まれた苦労人であった。明治政府の意向を忖度して、日銀本店（1896）と東京駅

図8　辰野金吾の東京駅（現在）

（1914、図8）を正統的な古典主義様式で設計した。明治政府が、何を必要としているかを、彼は正確に理解し、それに答えようと懸命であった。

しかし、辰野の弟子たちは、様々に悩み、揺れた。たとえば、大倉精神文化研究所をデザインした長野宇平治だ。古典主義建築の作法にのっとって、数々の日銀支店（その内のひとつ、日本銀行小樽支店：現・日本銀行旧小樽支店金融資料館、図9）を設計したが、何か満たされない思いを感じていた。異端の実業家、大倉邦彦に出会って、長野の押しつぶされていた思いが一気に爆発した。大倉が、新しい精神文化の研究という大胆な目的のために設立した大倉精神文化研究所を、長野はプレ・ヘレ

図9　長野宇平治による日本銀行旧小樽支店（現 金融資料館）

ニック様式でデザインした。列柱はヨーロッパの正統となったギリシャの列柱ではなく、クレタ文明・ミケーネ文明の様式の再現を目指した。古典主義への不満を、長野はこの建築にぶつけたのである。このどこでもみたことのない不思議な柱や、幽霊の頭巾のような三角形の窓は、大倉山の里山に遊ぶ子供達にとっては、不気味な存在でしかなかった。里山の頂上に、コンドルの悩みを引き継いだ不気味なお化け屋敷が建っていて、僕らは遠巻きにそれを眺めていた。その不思議なプレ・ヘレニック建築に込めた長野の想い、そして、そのさらに根っこにあった、コンドルの反近代、アーツ・アンド・クラフツは、僕の心の奥に、響き続けていたのかもしれない。

田園調布とガーデン・シティ

大倉山から、田園調布の幼稚園、小学校に計8年間通った。大倉山から田園調布までの8つの駅、それぞれの駅にそれぞれの空気があり、それぞれの生活があった。多摩川を挟んで、距離にして約10キロだ。

大倉山では、里山という不思議な空間の中を駆けまわって、里山を頭ではなく、身体で感じとることができた。

一方、田園調布では都市計画という頭の世界、脳の世界に触れることができた。幼稚園は田園調布駅の西口に、小学校は東口にあって、西口と東口には対照的なふたつの世界が広がっていた。西口は駅を起点として、放射状に同じ幅員の道路が拡がっていく都市計画の世界、幾何学の世界、すなわち脳の世界であった（図10）。渋谷と横浜の間に線路がひかれ、田園調布という駅ができた時、明治の実業界のリーダー、渋沢栄一・秀雄の親子が、この放射状の都市計画を立案したと、小学校の先生は誇らしげに教えてくれた。田園調布という街のすごさ、他の街との違いが、田園調布小学校のアイデンティティの核だった。

渋沢栄一先生は時代の先を見るすごい人で、田園調布は世界に誇れる先進的な街だと、叩きこまれた。渋沢栄一はイギリスのエベネザー・ハワード（1850〜1928）が1898年にその著作『明日——真の改革にいたる平和な道』（鹿島出版会、1902年に『明日の田園都市』に改題）で唱えた田園都市（ガーデン・シティ）構想に共鳴し、田園調布という街を作り上げた。ハワードの考えは、「都市と農村との結婚」であり、単なる郊外住宅地を作るのではなく、職住近接のコミュニティを、自然の中に、緑の中に、作ることであった。しかし、田園調布は、結局のところお洒落な郊外住宅地にしかならなかった。田園調布はある意味東京に近すぎたし、緑の中で、職住近接の環境の中で働くという考え方は、丸の内、大手町の大企業で、定年までコツコツ働くことを理想のモデルとする、20世紀日本のワーキングスタイルとは、全くなじまなかったのである。ITがリモートワークを可能とし、都市の大オフィスビルを居心地が悪いと感じる21世紀の人間にとって、ハワードのガーデン・シティはリアルで身近な夢であるが、20世紀の工業化にどっぷりつかった日本人には緑の中の職住近接を理解しろといっても無理だった。結果として田園調布は、名前だけが田園の、高級な「理想都市」になった。

図10　復元された田園調布駅舎（現在）

里山のはじっこで、ザリガニを友達とする僕からみると、その浮ついたお洒落さは鼻についた。同じ田園調布であっても、放射状道路の西口ではなくて、東口の六間《ろっけん》道路のまわりの、下町っぽい雑然とした田園調布が好きだったし、多摩川の方に下っていくと、突然に出現する、ハウス栽培で暮らす農家——当時、温室村と呼ばれていた——の、のどかな風情に共感が持てた。温室村の同級生は、日に焼けていて、顔立ちも違っていた。

10宅論と東横線

お洒落な郊外に対するこの違和感が、その20年後の僕に、『10宅論』（1986、トーソー出版・1990、ちくま文庫）という本を書かせることになった。「10種類の日本人が住む10種類の住宅」というのがその副題で、日本人を10種に分類し、その文化、気質、テースト、分布状況をおもしろおかしく、誇張して記述した。ワンルームマンション派、清里ペンション派、カフェバー派、ハビタ派、アーキテクト派、住宅展示場派、建売住宅派、クラブ派、料亭派、歴史的家屋派という、10派である。当時、『金魂巻』（1984、主婦の友社）というベストセラーを書いて、○金、○ビという流行語を作り、第一回流行語大賞に輝いて注目された、漫画家、エッセイストの渡辺和博さんが『10宅論』をおもしろがってくれて、恵比寿の飲み屋に呼び出され、朝まで笑い続けた。渡辺さんはとてもシャイだが鋭い人で、多くのことを教わった。文庫本の表紙も描いてくれた。

僕の少年時代のうちに、東京が「小さくてボロい都市」から、コンクリートでできた「大きくてピカピカした都市」へと大変身を遂げたのである。こういう時期には、様々なニューリッチが生まれ、様々なテーストが流入し、盛衰の劇を演じ、都市の風情と文化は混乱する。日本に限った話ではなく、どんな都市も、そんな思春期のような甘酸っぱい時期を一度は体験する。思春期を経て、都市は大人になるのである。ロンドンにもパリにもニューヨークにも、そんな思春期があった。

僕は幸いに、その混乱と併走し、冷静に、いじわるに観察することができた。一方の極に、ジュンコちゃんちの農家があり、一方の極に、田園調布西口の「お洒落な理想都市」があって、その間に東横線のいろいろな駅があり、いろいろな友達が住んでいた。

大倉山でも、新横浜駅の近くの田んぼがどんどん造成されて住宅地になり、小さな芝生の庭のある、こ洒落た家が雨後の筍《たけのこ》の勢いで建った。庭には必ず犬を飼っていた。アルミサッシとビニールクロスとピカピカの蛍光灯の家は、わが家の暗さに比べると、やたらに明るく感じられて、うらやましかった。

大倉山から渋谷方向へ3番目の元住吉には（東京横浜間地図、図11）、コンクリートの高層住宅が建っていて、友達のキューちゃんが住んでいた。今の基準からいえば、高層とは程遠い4、5階建てで、エレベーターもない建築だった。しかし、当時はすごい高層ビルだと感じて、こんな空の上に住めるキューちゃんはうらやましいと思った。スターー型と呼ばれる、ヒトデのような形状の平面計画は今見てもおもしろい。

その後にどんどん建てられて、日本の都市の制服のようになったコンクリート製のマンションは、間口が6メートル前後で、1方向にしか窓のないユニット（住戸）が廊下に沿ってただただ並んでいるだけの、刑務所のようなプランになった。一方のスターー型

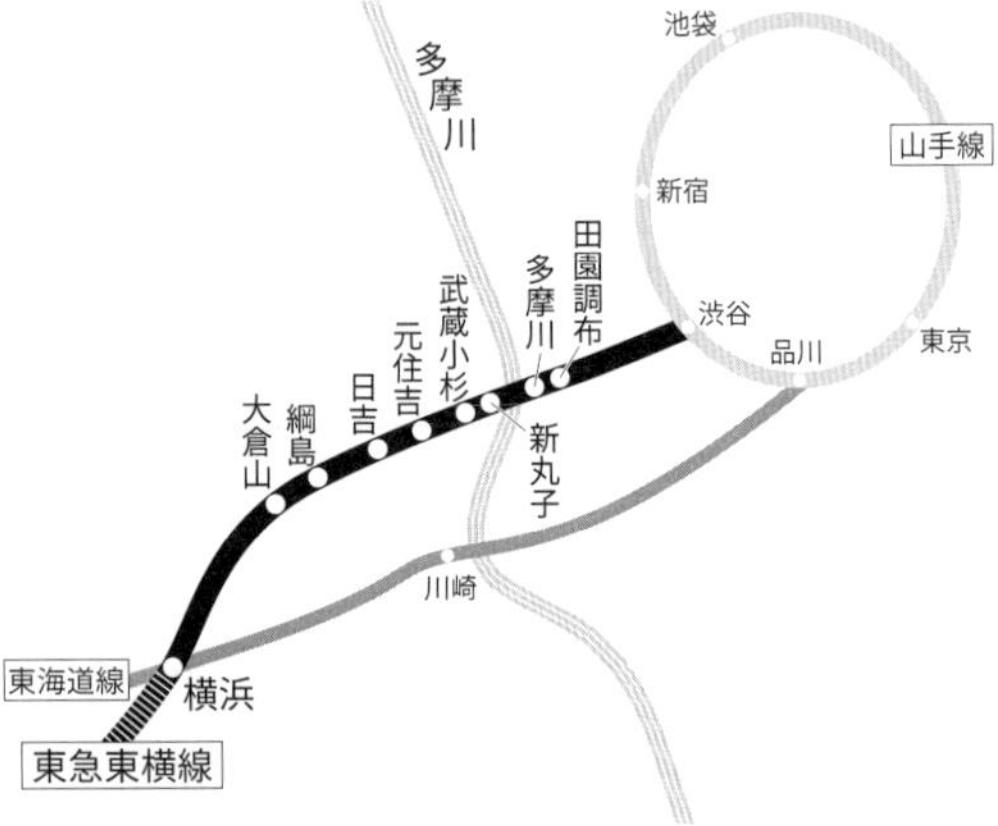

図11　東急東横線の簡略図

は、ユニットそれぞれ3方向に間口をもっていて、一戸建てが縦に重なったようなプランになっている。そのせいで、キューちゃんの家は、空中に浮いているように感じられた。

　元住吉、武蔵小杉、新丸子は、多摩川の川崎側の街で、工場が多く、郊外とはまた別の空気感が漂っていた。物を作っている工場の街は、里山の農家とはまた別の現場感に溢れていて、遊びにいくのが楽しみだった。

　生産とは縁のない、消費のためだけの「郊外の家」が、一番退屈で弱々しく感じられた。工場に住んでいる友達も、郊外住民とは少し毛色が変わっていた。たくさんの友達がいて、たくさんの家をのぞき、インテリアをチェックし、外観に目をこらして、様々な文化を知ることができた。今は、世界中のいろいろな場所に出会って、いろいろな人、いろいろな街とつきあう仕事をしているが、どこにいっても、どんな人とあっても、あまり驚くことがないのは、あの時期のあの東横線に住んでいたからではないかと思う。

代々木競技場の衝撃

そうやって、大倉山と田園調布の間を行き来していた僕に転機が訪れたのは、1964年である。僕は小学校4年生であった。東京にオリンピックがやって来ることが決まって、里山のまわりが一気に騒がしくなった。遊び場だった田んぼの中には、巨大な新横浜駅が姿をあらわし、赤坂見附の交差点の上には、知らぬ間に高速道路が乗っかっていた。里山の小さな家々とは、あまりにスケールがかけ離れていて驚いた。

しかし、その驚きも、父親に連れられて、オリンピックの水泳競技が行われた、国立代々木競技場（図12）を見た時のショックに比べれば、大したことはなかった。

父親は時々、新しくできた話題の建築に、家族を連れて行ってくれた。遊園地に連れて行ってもらった記憶はほとんどない。遊園地はお金がかかるし、子供の遊びに付き合いたいとは思わないタイプの父であった。

60年代、日本では近代建築（別名モダニズム建築）が、次々と建ちはじめた。モダニズム建築とは、20世紀前半に欧米でスタートした、新しい建築様式である。コンクリートと鉄を主材料とする機能本位のスタイルで、20世紀の工業化社会のニーズにぴったりとはまって、工業化社会の制服となった。フランスのコルビュジエの設計したサヴォア邸（1931、図13）、ドイツのミース・ファン・デル・ローエ（1886〜1969）の設計したバルセロナ・パビリオン（1929、図14）は、初期モダニズム建築の傑作と呼ばれていて、今でも大学の建築学科では、このふたつの建築が崇めたてられている。

その新しいスタイルが日本に本格的に入って来るのは、第二次大戦後であった。それ以前の、レンガ、石、木材など地域の素材で作られた建築物は、すべて古くさい装飾的建築として否定され、工業化社会の主役、コンクリートと鉄で作ったモダニズム建築が、正義の建築、正しい建築として、もてはやされるようになったのである。

その戦後日本のモダニズム建築のチャンピオンが、建築家丹下《たんげ》健三《けんぞう》（1913〜2005）であった。丹下は、被爆地広島の復興の象徴、広島平和記念資料館（1955）のコンペを勝って、戦後日本のモダニズム建築のスターとなり、以降、戦後復興、高度

図12　丹下健三の国立代々木競技場第一体育館

図13　コルビュジエのサヴォア邸

成長と足並みを揃えて、「世界のタンゲ」へと昇っていったのである。

僕の父は事務系のサラリーマンで、建築家とも建設業とも縁はなかったが、新しいデザインに対しては、並々ならぬ興味を抱いていた。新しくできたモダニズム建築に家族を連れて行ったのも、家族のためというよりは、自分自身の興味からだった。丹下の先輩、前川國男（1905〜1986）の代表作、上野の東京文化会館（1961、図15）からはコンクリートが作る、男性的な力強さを感じ、横浜の野毛山にあった神奈川県立音楽堂（1954）は、スクリーンの透明感が森とマッチして美しかった。渋谷に建っていて今は壊されてしまった大谷幸夫（1924〜2013）設計の東京都児童会館（1964）も、吹き抜けを多用した空間の構成が面白かったし、そこには子供の遊び場や読書コーナーがあって、僕のお気に入りだった。

しかし丹下の、代々木競技場は、それらの建築とはまったくレベルの違うものに感じられた。すべてのモダニズム建築がふっとんでしまう迫力があった。

大倉山から東横線に乗り終点の渋谷で降りて、駅から「公園通り」とその後に呼ばれることになる道をゆっくりと登った。丘の上に、塔のようなものが現れた。それが、目指す代々木競技場であった。

図14　ミース・ファン・デル・ローエのバルセロナ・パビリオン

図15　丹下の先輩、前川國男による東京文化会館（上野）

1964年の当時の東京は、木造建築で埋め尽くされた、低くて、小さくて、ボロい街だった。その街の向こうに、3本のコンクリートの塔がそびえたっていた。大きい方の第一体育館の屋根を支える2本の塔と、小さい方の第二体育館を支える1本の塔が、天から奇跡が降ってきたように、渋谷の丘の上に屹立《きつりつ》していたのである。

設計者の丹下健三は、時代を読む天才だといわれた。彼は直感的に、垂直なもの、高いもの、大きいものを時代が求めていることを理解した。だからコンクリートの高い塔を建てた。

超高層のオフィスビルは、高いことに必然性がある。オフィスを何十階も積み重ねて、限られた土地の中に最大限の床面積を確保しようとしたら、自動的に高い建物になる。

体育館はそもそも、そんなに高い建物である必要はない。水泳のためのプールが、高い必要はない。しかし丹下は、1964年の東京には、高さが必要であることを直感したのである。東京が、低い都市から高い都市へと変貌していくことを予知していたのである。

1964年の東京には、超高層というものが、そもそもまだなかった。日本初の超高層ビルと呼ばれた霞が関ビルディングの完成は、オリンピックの後の1968年である。

霞が関ビルディングは超高層と呼ばれはしたが、実際には36階、147メートルで、今の基準からいうとそう呼ぶのがためらわれる。当時の東京はそれほどにすべてが低かった。

だからこそ、丹下は高さを求めた。高い塔をたてて、そこから大屋根を吊り下げるという特殊な構造システム——吊り構造——を選択したのである。そうすれば、機能が必要とする以上に建築は高くなる。目立つ、低い都市を見下ろせる。

吊り構造は、当時、吊り橋などでは使われることはあったが、建築に応用されることはほとんどなかった。技術的課題もたくさんあって、それを解決できる見通しを、丹下のチームが持っていたかどうかは疑わしい。しかも工期も予算も限られていた。代々木競技場の実際の工期は、1963年2月1日から1964年8月31日までの18か月で、誰も試みたことがない吊り構造の建築が、その短工期で完成したのは、殆ど奇跡だといわれている。完成は10月10日の開会式のわずか39日前。

56年後の2020年のオリンピックの新国立競技場は、8か月前の余裕のある完成である。時代が違った。1964年の方は、1日3交代の24時間体制で工事が行われ、落下事故で多くの死者もでた。今だったらネットで大変な騒ぎになっただろうが、当時の日本ではそれが普通だったのである。社会をリードする「建築」という神のためなら、犠牲が出るのは仕方がないと考える人が多かったのかもしれない。

田中角栄と建築

工費は予算を大幅にオーバーしたらしい。一説には2倍近くになったとも伝えられる。丹下は時の大蔵大臣、田中角栄のところに直談判に行って、「よっしゃ」の一声で、予算の上積みを獲得したというエピソードも伝えられている。角栄は、内閣の一員として、1962年から65年まで大蔵大臣を務めていた。

代々木競技場と田中角栄という組み合わせは、様々な意味で、戦後日本を象徴している。戦後日本は、一言でいえば、建築をエンジンとして、まわっていた。経済も政治もすべて建築に依存し、建築を中心として、回転していた。

古くて小さく、ボロい都市を、新しく大きく、ピカピカな都市へと作り変えることが、社会の目的であった。それが、豊かさの定義であり、それに誰も異議を唱えなかった。その目的のために、法律が整備され、住宅ローンをはじめとする融資制度も用意され、公共のお金が道路やダムに注ぎ込まれ、大きな公共建築が次々と建設されていた。

建設業界はそれによって潤い、業界全体で自民党政権をサポートして、このシステムの継続、拡大のために邁進《まいしん》したのである。

工業化社会の他の主要メンバーである自動車産業や電子産業も、戦後日本システムの重要なメンバーではあったが、建設産業ほど政治と密着することはなかったし、その必要もなかった。政治家と建設業界との関係は直接的であり、政治家の決定権が、建設業界のビジネスを直接左右した。建設業界特有の元請け、下請け、孫請けという垂直的、前近代的、サムライ的な階層構造は、選挙において、保守政権の心強い味方となった。そのようにして、戦後政治のスタイルが形作られ、戦後政治家の独特のパーソナリティが作られていったのである。

その代表が田中角栄という政治家であった。自ら土建業を営み、また一級建築士制度を創設し、自分自身が一級建築士登録の第一号になったと噂されたのは、決して偶然ではない。戦後日本の政治家と日本の建設業界は、運命共同体であり、一体であった。田中角栄は、その連帯の象徴であった。その田中角栄が、代々木競技場の予算オーバーを「よっしゃ」と認めたというエピソードは、戦後の日本、１９６４年に象徴される日本の本質を言い当てている。

時代を読む

塔から屋根を吊った吊り構造として有名な代々木競技場は、まず高さで人々を圧倒し、「建築」という神を祀《まつ》る神殿となった。

構造の建築として、しばしば代々木と並び称されたのが、エーロ・サーリネン（1910〜1961）が設計したイエール大学のホッケーリンク（1958、図16）である。同世代の丹下とサーリネンは、しばしばライバル視され、吊り構造のふたつのスポーツ施設は、特殊建築構造の双璧とされた。サーリネンは、当時の世界をリードしていたアメリカ建築界のエースであり、TWAターミナルビル（1962）など、輝ける工業化社会のリーダー、アメリカのシンボルを設計した大建築家である。丹下は代々木競技場を設計する時、このホッケーリンクをかなり意識し、研究したといわれている。

しかし、だいぶ後になってこのホッケーリンクを訪ね、僕はその控えめな佇まいに愕《がく》然《ぜん》とした。まずサーリネンは垂直な塔を建てずに、屋根の中央に、背骨のようなコンク

図16　丹下が参考にしたというイエール大学のインガルス・ホッケーリンク（アメリカ、コネティカット）

リート製のアーチを作り、そこから屋根を吊っているのである。塔がない分、建物は驚くほどに低く、地面と一体になっていて、空に手を伸ばす代々木競技場の印象とはまったく対極的なのである。

もちろん、かたや一国の威信をかけて、その国の運命の時に建てられた巨大オリンピック施設、そしてかたや一民間大学のキャンパス内スポーツ施設であることを考えれば、この対照的印象は少しも不思議ではない。しかし、すべてのオリンピック施設が代々木競技場のような象徴性を有するわけではなく、むしろ、オリンピック施設には、名作と呼ばれる建築は少ない。短期間に多くの施設を整備しなければならないので、スケジュール的にもコスト的にも余裕がなく、そのしわよせが建築の質に悪影響を及ぼすのである。しかし、丹下は見事にこの限界を突破してみせた。丹下はその時、その施設に何が期待されているか、そしてオリンピックというのがどういう種類のイベントであり、国家に対してどのような意味を持つかを、正確に理解していた。スケジュールの限界の中で、丹下はそれを形にしたのである。

建築家に必要なのは、造型力であるとか美的センスであるとか、様々な答えがあるが、最も必要な能力は、その建築に人々が何を求めているか、社会がその建築に何を必要としているかを理解する能力である。そこにこそ、丹下の天才があった。物質を通じ、ディテールを通じ、形態を通じて、その想いを形にする能力が最も必要とされるのである。だから、ホッケーリンクからヒントを得ながら、その延長線上に、まったくレベルの違う傑作をものにすることができたのである。アメリカのエースとは別のレベルの神へと、丹下は飛翔したのである。

丹下と大地

サーリネンのホッケーリンクを訪ねた後には、代々木競技場に関しても、あらためて多くを考えさせられた。まず地面と建築とのつなぎ方が大きく違った。ホッケーリンクは、キャンパスの中の平らな地面の上に、文字通りぽつんと置かれている。敷地と建築との関係という点では、きわめて一般的な、普通の解答である。

一方、代々木競技場では、大地が緑の築山のようにこんもりと盛り上げられ、また時として城の石垣のようにがっしりとした石が組まれ、コンクリートの建築を支持している。大地の造型と、その上に置かれた建築の造型が響きあい、高めあっている。あるいは、大地だと見えているものの下に建築が埋められる。少年の僕が冬になると通っていた第二水泳場は、まさに大地に埋めるように建てられていて、その隠され方が大好きだった。代々木競技場に圧倒された僕は、オリンピックの後も、週末、横浜から東横線に乗ってこのプールに通い続け、夏はメインプール、冬は第二水泳場で、建築に見とれながら泳ぎ続けた。

10歳の僕は、ただ「スゴイ」と圧倒されていただけで、丹下のどこがすごいかはわからずに、そのすごさの背後に、どのような深い仕掛け、新しい設計思想が潜んでいるかには気が付かなかった。

19世紀までの建築家は大地を造型するということに関心がなかった。大地そのものをデザインすることなど、思いつかなかった。西欧の伝統的建築においてはまず、大地の上に基壇（ポディウム）と呼ばれる台座のようなものを作り、さらにその上に建築を載せるというのが、最も一般的な大地と建築との関係であった。西欧建築の原型とも呼ばれるギリシャのパルテノン神殿は、最も美しいポディウムの例でもある。

20世紀は、ポディウムの他にピロティという新しい言葉が開発された。モダニズム建築の巨匠、コルビュジエは、重たいポディウム型を嫌って、サヴォア邸のピロティこそがモダニズムにふさわしい大地と建築の関係だと主張し、20世紀の建築界はピロティブームになった。ポディウムが建築を大地から持ち上げて特別なものに見せたように、ピロティもまた、建築を持ち上げて、ありがたいものと見せた。コルビュジエの崇拝者でもあった丹下健三は、広島平和記念資料館（1955、図17）や、旧東京都庁舎（1957）をピロティで美しく浮かせ、拍手喝采を浴びた。

しかし、代々木競技場の丹下は、ポディウムでも、ピロティでもない、第三の途へと踏み込んでいる。大地を自由に造型し、操作することによって、大地と建築とが有機的な連続体となり、ひとつの音楽を奏でるのである。

図17　丹下健三の広島平和記念資料館

西欧で、このような大地と建築との関係を見つけることは、きわめて難しい。西欧において、大地は大地、建築は建築であって、両者は別のカテゴリーに属している。むしろ、両者の対比を表現することが、建築家には求められた。ポディウムもピロティも、その対比を示すための道具であった。建築は、自然という野蛮で乱雑な存在とは対照的な、精妙なる人工的構築物でなければならなかったのである。

しかしアジアの人々は、自然と建築とを、そのように対照的、対比的に考えることはなかった。中国の庭園史は、建築と自然との緊張感に溢れた対話の歴史である。回廊（たとえば蘇州庭園を代表する、拙政園の回廊）という人工的要素によって、自然の中に補助線が引かれ、額縁が挿入され、自然と人工の間に、様々な対話が発生するのである。自然と建築とは対比されず、補助線によって、つなぎ合わされた。

日本の庭園は、中国から多くを学び、まずそれを深化させた。後に、自然の分量をいかに増やし、人工物の比率をいかに下げるかを目標として、日本庭園は進化した。国が小さく、予算規模が違うということもあっただろう。回廊をむやみに用いずに、大地自身を造型し、風景を再定義していった。修学院離宮の大刈込や、西本願寺の飛雲閣の舟入の仕掛けも、桂離宮の生きた竹を編んで作った桂垣も、自然の領域を拡大し、自然と人工との境界線を引き直そうとする、野心的な試みである。代々木競技場で丹下が試みた、建築と自然の統合は、それらの境界の引き直し作業の延長線上にある。

その試みによって、コルビュジエもアメリカのチャンピオンのサーリネンも到達できなかった新しい境地へ、丹下は到達した。大地を敵とせず味方につけることによって、丹下は、もっと大きな感動を人々に与えることに成功する。

丹下は僕にとって、一種の反面教師であった。しかし高度経済成長時代のチャンピオンであった丹下の大地の扱い方から、僕はさまざまに学んだ。結局、その影響が実を結ぶまでには、長い時間がかかったことになる。瀬戸内海に浮かぶ大島の山頂に建つ亀老

図18　著者の設計した亀老山展望台

図19　著者の設計した北上川・運河交流館

図20　著者が2018年に設計したV&A博物館（スコットランド、ダンディ）

山展望台（１９９４、図18）では、展望台を土で埋めて山と一体化させた。石巻の北上川の土手を一体化した北上川・運河交流館（１９９９、図19）では、建築は北上川の土手の一部となった。スコットランドのダンディに設計したヴィクトリア&アルバート（V&A）博物館（２０１８、図20）は、スコットランドの崖＝大地と建築とを一体化した。代々木競技場に出会わなかったら、このような建築は絶対に生まれなかった。

丹下の神殿

代々木競技場の外観に圧倒された10歳の僕に、さらにインテリアが追い打ちをかけた。

低く抑えられた暗い入口から入ると、突如として天から光が降り注ぎ、全身がうたれた。その特殊な光の体験は、考え抜かれた断面計画によってもたらされる。まず天へとのびる2本のコンクリートの支柱の間に2本の太いケーブルが吊られ、そのメインケーブルからさらに、サブケーブルが吊られて、他に例のない有機的な断面形状を持つ大屋根が創造された。2本のメインケーブルの間の隙間にはトップライトが設けられ、トップライトから自然光が降り注ぎ、その光が天井を構成する金属板を舐めるように照らし、表面をキラキラと輝かせることによって、官能的ともいえる光の効果が生まれる。天から降り注ぐ光は、プールの水面によって反射し、美しい曲面を描く天井を、美しく浮かびあがらせる。

1964年のオリンピックの飛び込みに参加したアメリカ選手は、自分が天国にいるように感じたと告白している。まさにここは天国であり、そして荘厳なる神殿であった。スポーツ施設であったはずのものが、神殿へと生まれ変わり、ひとつの国に訪れた、ひとつの劇的な時間を凝縮する。しかもその神殿は、明治神宮という神殿と、神聖な森をはさんで向かい合っていたのである。

丹下は、神殿というものにそもそも特別な関心を持っていた。丹下のデビュー作は、広島の平和記念公園に建設された一連の建築であり、戦後日本の復興と丹下の人生は、軌を一にしていた。原爆で大きな被害を受けた広島の爆心地である中島地区を平和記念公園として整備する計画の設計コンペで、丹下は選ばれ、華々しくデビューした。復興と併走する建築家のデビュー作として、広島以上にふさわしいプロジェクトは考えられない。そして広島の丹下のデザインは、広島という特別な場所にふさわしい象徴性を帯びた、まさに「平和の神殿」であった。

ただし、実際には丹下の本当のデビュー作は、1942年に日本建築学会が主催した「大東亜建設記念造営計画」のコンペ案であった。この頃、戦局はまだ有利であるように日本では見えていた。コンペの趣旨は、「大東亜共栄圏確立ノ雄渾ナル意図ヲ表象スルニ足ル記念造営計画ヲ求ム」というもので、丹下が提出した案は、見事にその趣旨に適うものであった。丹下は、ここでもまた、あまりにも正確に時代が何を求めているかを嗅ぎ取り、形態へと変換したのである。そして、見事に丹下は一等を獲得した。

東京から富士山に向かって「大東亜道路」と「大東亜鉄道」を走らせ、富士山麓を「忠霊神域」にしようという壮大なる絵を丹下は描いたのである（図21）。大東亜道路は1968年に竣工した東名高速道路を先取りするものであり、大東亜鉄道は東海道新幹

図21　戦前に丹下が描いた大東亜建設忠霊神域計画、鳥瞰図

線そのものであった。回廊によって囲い取られた神域の中にコンクリート作りの巨大化した伊勢神宮のようなものが聳え立ち、富士山と響き合うのであった。

配置計画で興味を引くのは、神域を囲い取る回廊が、長方形ではなく、台型であることである。丹下はその着想をコルビュジエの国際連盟コンペ一等案（１９２７）から得ただろうと推測できる。直角を原理とする矩形によって空間を規定する手法は、古代以来、都市計画、建築計画の最も基本的な手法のひとつとして多用されてきた。コルビュジエは、その直角を僅かにずらすことによって、空間に動きを導入しようと試み、それによって現代的な象徴性を獲得したのである。

しかし、この幾何学の変形操作は、コルビュジエの発明というわけでもない。ルネサンスの後に訪れたバロック建築こそ、その変形幾何学の先達であった。古代のギリシャ、ローマ建築が幾何学の可能性を全面的に展開した後に、中世という幾何学の空白を経て、ルネサンスが幾何学を再発見した。

それに続くバロック建築は、幾何学を自由に変形し、斜めの要素やゆがみを導入することで、空間にダイナミズムを獲得し、より強い象徴性を導入しようと試みた。バチカンのサンピエトロ大聖堂のスカラレジアと呼ばれる回廊は、コルビュジエの国際連盟本部案の先達であり、丹下の大東亜の先達でもあった。丹下は、伊勢神宮や出雲大社をはじめとする、日本の伝統的建築の構成をバロック的に誇張し変形することで、他のコンペ参加者を凌駕した。長方形を台形へ変換することで、圧倒的な象徴性を獲得する技を、戦前、すなわち自身の20代のうちに、すでに手に入れていたのである。

しかし、丹下の大東亜とコルビュジエの国際連盟案とを見比べてみると、どちらも実現しなかったがそこには決定的な差が存在する。丹下は、コルビュジエのように単一の軸線上にヴォリュームを配置せず、ふたつの棟を併置して、その間に必ず隙間を作った。

併置されたふたつのヴォリュームの間に隙間ができる。その隙間の向こうに、決定的に重要な物、すなわち富士山が見えるというのが、若き丹下の発見した手法であった。丹下はそのようにして、コルビュジエを超えた。

法隆寺と丹下

この隙間の手法は、法隆寺の配置計画を思い出させてくれる。法隆寺は、中国の建築から、大きな影響を受けたとされ、また、それを施工した技術者も多くが渡来者であったといわれる。

しかし当時の中国の仏教寺院の計画と法隆寺の計画には、決定的な差異が存在した。中国で建築群は、ひとつの軸上に、奥へ奥へと配置され、法隆寺のようにふたつの棟が併置され、その間に大きな隙間、ヴォイドを作ることは決してない。なぜか法隆寺では隙間が重要視され、配置計画は縦長ではなく横長となる。丹下はそれに倣って隙間を作ったと、僕は想像したくなった。

大東亜道路と大東亜鉄道が併置されたのも、同じ理由によると僕には見える。ふたつの線の隙間から、富士山が見える。そしてその視点で見れば、伊勢神宮にも、同種の隙間があった。20年ごとの式年遷宮によって、新宮は時に左側の土地に建てられ、時に右側に建てられる。その間には隙間があり、隙間だけは永遠に固定されている。固定されずに交互に出現する建築よりも、建築の間にいつも存在する隙間の方が大事であり、そのまわりの森の方がより大事であるように感じられる。

実存する建築以上に大事なものが、その向こう側にあるとする考えを、法隆寺も伊勢神宮も共有しており、丹下はその思想の正統的な継承者であった。戦後の「新しい丹下」のデビュー作、広島平和記念公園でも、広島平和記念資料館の3棟は、広島の悲劇を象徴する聖なる原爆ドームに正対して併置され、3棟の間には隙間がある。重要なのは建築ではなく、隙間であり、その隙間の向こうにある聖なる物、すなわち原爆ドームだった。

そして、代々木競技場もまた、隙間は繰り返された。代々木競技場はひとつの建物ではない。第一体育館と第二体育館というふたつの建物が同じように、天へと延びる象徴的な建築としてデザインされており、そのふたつの建物の隙間の方向にはなんと再び、富士山の神々しい姿が見えるのである。

丹下は、ある時期から、代々木競技場に近い、表参道沿いに事務所を構えていた。丹下がそこを事務所に選んだ理由は、富士山が見えることであったという。その後に事務所を移した自らの設計による草月会館からも、富士山はよく見えた。大東亜建設記念造営計画は戦争を賛美する建築であり、丹下にとって忘れ、消し去ってしまいたいものであっただろう。しかし丹下は2棟の間に見える富士山を、生涯忘れようとはしなかった。代々木競技場でも2棟の神殿が併置され、東京都庁舎（１９９０）でもまた、2棟のタワー、すなわち神殿が併置された。お台場のフジテレビ本社でも、2棟が併置され、隙間が主役となった。2棟に分かれたことで、オフィスは使いにくいという評判がたったが、丹下にとって、オフィスの使い勝手よりも、分棟型の神殿を建てることが、ずっと重要であった。

10歳の僕は、原宿駅前に建つ、この2棟の神殿に打ちのめされた。誰がこれを作ったのと、父に尋ねた。丹下健三という建築家が作ったと、父は答えた。その建築家というものになってみたい。こんなとんでもない物を作ることのできた丹下先生と同じように、いつの日か建築によって人々を感動させたいと、僕はその日に心を決めたのである。

第2章　1970——大阪万博

1964という祭りの後

その後の僕の道のりは、決して順調ではなかった。それは僕のせいでもあったし、時代のせいでもあった。

1964年、日本は高度成長のピークにあり、オリンピックも新幹線も高速道路までもが同時にやってきて、東京を、小さくて低くてボロい街から、大きくて高くてピカピカした都市へと変身させた。

しかし、その変化は、様々なゆがみを僕らにもたらした。その流れに対してはじめて疑問を感じたのは、小学5年生の春だった。

田園調布の東口にあった僕の母校、田園調布小学校の校舎は、もともと木造の3階建てで、外壁は木の横板貼り、教室や廊下の床は、分厚い木製フローリングだった。教室の端に雑巾を持って一列に並んで、その黒光りした美しい木の板を、全員で磨くのが僕らの日課だった。その光景を思い起こすと、ワックスのしみ込んだ木の板の臭いが、今でも甦ってくる。

その校舎がコンクリート建築に建て直されるというので、僕らはワクワクして完成の日を待ちわびた。しかし、出来上がった校舎には、ひどくがっかりした。同じコンクリート建築でも、四角いアルミサッシの窓が並ぶだけの退屈な箱で、丹下健三の代々木競技場とはほど遠かったし、ドラマチックな室内空間はどこにも存在していなかった。塩ビ製の安っぽい床が敷きつめられた教室に、安っぽいスチール製の机が並んでいて、雑巾がけが、逆に懐かしく感じられた。

世の中の空気も、高度成長バンザイ、工業化礼賛一辺倒から、徐々に変化していくのが感じられた。ベトナム戦争が泥沼化の様相を呈し始めた事も、僕らの気持ちに大きな変化をもたらした。戦後の日本にとって、アメリカは絶対的存在であり、工業化も高度成長も、モデルはアメリカであった。その輝かしいアメリカが、アジアの小国であるべトナムに翻弄され、迷走していく様子は、子供の考え方や感じ方にまでも、大きな変化を与えた。

日本のいろいろな場所で、公害事件が起こった。特に水俣病の患者の悲惨な映像は衝撃的であったし、それを隠蔽《いんぺい》しようとする企業や政府の態度には、子供ながら大きな憤りを覚えた。

大阪万博での落胆

中学に入った頃から、さらに違う風が吹き始めた。その逆向きの風が、ちょうど僕の思春期と重なって、何倍にも大きく感じられ、僕の中に、違和感がどんどん沈殿していったのである。

そんなタイミングで、1970年、僕が高校1年の春、大阪で万博が開かれた。すごい形の建築（パビリオン）がたくさん建っている会場の映像は、圧倒的だった。ベトナム戦争があっても水俣病があっても光化学スモッグがあっても、なぜか建築に対する興味だけは消えなかった。大阪にはどうしても行かなければならないと思った。夏休みの終わり頃、友達と連れだち、ピカピカの新幹線に乗って、ワクワクしながら大阪に出かけたのである。

しかし、まったく最悪だった。炎天下で長時間待たされ、人気のパビリオンに入ることは絶望的だった。

特に期待していたのは、当時の僕のヒーロー、丹下健三や黒川紀章（１９３４～２００７）が設計した建築群である。僕が建築と出会うきっかけを作ってくれた丹下健三は、万博でも中心的な役割を担っていると聞かされていた。彼が自ら設計したお祭り広場という名の中心施設は、ヨーロッパの広場に、アジア的な祭りの概念を加えた画期的なものだと報道されていたので、ゲートから真先に突進した。

しかし、そこにあったのは、ヨーロッパの広場の風格でもなく、アジアの祭りの喧騒でもなかった。工場のような武骨な鉄骨を組んだだけの、退屈で大きすぎる屋根だった。あの代々木競技場の丹下健三はどこに行ってしまったのだろうか。１９６４年の、あの輝きはどこにいってしまったのだろうかと、暑さでぼーっとしながら、ため息をつくしかなかった。

メタボリズムと黒川紀章

丹下の弟子といわれていた黒川紀章に対して僕が抱いていた期待は、丹下に対する期待よりも大きかった。黒川の姿をはじめて見たのは、中学に入った頃のＮＨＫの番組の中だった。黒川はヘルメットをかぶって、建築物の解体中の現場に立っていた。クレーンから吊るされた鉄の球を、コンクリートの壁にぶつけて、壁を砕いていた。大量の埃をたてながら建築が解体されている脇で「こんなスクラップ・アンド・ビルドを我々は卒業しなくてはいけない。建築は生物のようにゆるやかに変化していかなければならない」と滑舌のいい高い声で訴えていた。かっこいいと思った。すっかり説得されて、黒川は僕のヒーローになったのだ。

黒川が『行動建築論　メタボリズムの美学』を出版したのは、東京オリンピックの３年後、１９６７年である。「メタボリズム（生物の新陳代謝）」と呼ばれる建築デザインの新しい運動がはじまったきっかけは、１９５５年に、東京大学の丹下研究室の学生たちが中心になってはじめた、小さな勉強会であったといわれている。磯崎新（１９３１〜）がオーガナイザー役となり、アメリカの構造エンジニア、コンラッド・ワックスマン（1901〜1980）が講師として招かれた。20世紀のモダニズム建築運動の中心人物の一人であり、デザインと技術の統合を目指してドイツに生まれた画期的な教育機関、バウハウスの初代校長を務めたワルター・グロピウス（1883〜1969）をサポートしたのがワックスマンである。ワックスマンは、木工職人の家に生まれ、物が組み立てられていく現場を熟知していた。その現場的知識と高度の数学を組み合わせることで、彼はワックスマン・ハンガー（1951〜1953）をはじめとする新しい時代にふさわしい、システマティックな構造システムを考案していったのである。ワックスマンの友人であるA・アインシュタインの家は、ワックスマンの設計である。ワックスマン・ハンガーは、70年万博のお祭り広場の大屋根を支えたスペースフレーム構造の原型となった。

東京大学建築学科の15号教室で行われていたその勉強会のメンバーがコアになって、1959年、メタボリズムといわれるムーブメントが立ち上げられ、建築界に衝撃が走った。弁舌爽やかな黒川は、その運動のリーダーとして振る舞い、NHKの解説委員まで務め、マスコミへの露出もすさまじかった。戦後日本が「建築」をエンジンとしてまわっていたとするならば、まさに黒川はその時代が生み出した、「建築アイドル」であった。アストンマーチンを乗り回して現場をまわるそのライフスタイルは、まさに建築が主導する戦後日本社会にふさわしい、新しいアイドルの誕生であった。

黒川は京都大学の学部を卒業してから、東大の丹下研究室の修士課程に進んだので、丹下は黒川の師に当たる。日本の伝統と、最先端のエンジニアリングを融合することで、日本の近代建築を世界のトップレベルに引き上げたのは自分だという自負が、丹下にはあった。ある意味で、文学や音楽などの他の文化ジャンルよりも早く、日本の現代建築は世界レベルに到達した。その中心にいるという自負だろう。その丹下は黒川の露出を好ましくなく思い、嫉妬した。黒川が丹下研の大学院生であった頃、熱海で行われた研究室の忘年会で、丹下が黒川の振る舞いを激しく叱責したというエピソードも伝えられている。

黒川は叱責でめげるような人間ではなかった。黒川の思考方法は丹下よりもはるかに論理的ではあった。丹下が、直感に頼って造型する「芸術家」であったのに対し、黒川は、論理が先行して形が後からくるタイプであった。丹下はその時代が求めるものを形態に翻訳する天才であったが、黒川は、時代の先を語って、人々を魅了した。

黒川は、日本の伝統の再解釈にとどまらず、アジアに射程を拡げてアジアの原理を語

図22　黒川紀章による東芝IHI館（大阪万博）

り、その中に、工業化社会の原理を超える生物的原理があるとした。アジア的、生物的な原理やデザインをもって、西欧的なるもの、工業的なるものを超克《ちょうこく》していこうと宣言したのである。

だから、作っては壊すという、西欧的、工業的なスクラップ・アンド・ビルドシステムに代わって、カプセルを次々と交換していく、なめらかで生物的な新陳代謝システムを提案し、西欧的で静的な広場に代わって、アジア的で動的な路地を提案したのであった。

高度成長的なるもの、工業化社会的なるものに疑問を感じはじめた中学生の僕は、すぐに黒川の崇拝者となった。無口なアーティストの丹下ではなく、アジアに目を向け、生物に注目する黒川こそが時代を変え、未来を拓いていくように感じられたのである。

そして期待に胸をふくらまして、黒川が設計したパビリオンを見るのを楽しみに、炎熱の大阪万博を訪ねたのである。

しかし、丹下が設計したお祭り広場以上に、黒川のパビリオンには失望した。鉄でできたカプセル建築は（東芝ＩＨＩ館、タカラ・ビューティリオン、図22）、黒川が否定していたはずの工業化社会そのもので、アジア的なしなやかさとも、生物的ななめらかさともほど遠い、鉄の怪物に見えたのである。

憧れていたヒーローが、消えてしまった。がっくりときた。万博会場は、ただただ暑くて、不快で、苦痛だった。

広場とトレイ

救いがなかったわけではない。ひとつの救いは、スイス館（図23）であった。スイス館とはいっても、そこには「館」はなかった。すなわち建築はなかった。広場の上に、細いアルミの棒を組み合わせて作った、繊細な「樹」が立っているだけだった。

パビリオンがないということが、スイス館の主張であった。「館＝建築」を建てることより、一本の樹を植えることの方がはるかに重要であり、必要であると、スイス館は訴えていた。細いアルミを組み合わせて作った「樹」も、黒川のカプセルの武骨さと比べて、はるかにやさしくて、美しかった。

図23　スイス館（大阪万博）

建築家であるのに、建築を批判しようとしている人がいることに驚き、勇気づけられた。
暗くなり、会場が少し涼しくなってきてから、フランス館のカフェに入った。白いナプキンの敷かれたレストランに入る勇気はなかったので、カフェに入ることにした。列に並んで手に取った、プラスチック製のトレイの美しさに目を見張った。トレイがあって、その上に皿が置かれるのではなく、トレイに様々な窪みがつけられていて、その窪みの中に、自分が気にいったサラダや肉やフランスパンを入れるスタイルであった。余分な皿は必要なくて、1枚のトレイだけですべてを満たそうとするミニマリズムに感動した。スプーンやフォーク、コーヒーカップも、そのトレイの窪みと同じようなカーブを使ってデザインされていて、全体がひとつの軽やかなリズムを奏でていた。

小さなトレイの中に、新しい生活の提案が込められているように感じられた。スイス館が建築はもはや必要ないと宣言しているように、この薄い1枚のシンプルなトレイは、物だって、もはや必要ないと宣言しているように感じられた。たくさん物を持っていることが豊かさだと教えられてきたけれど、物がたくさんあると、人間は却《かえ》って不自由になる。そうフランス館のトレイは主張していた。豪華なお皿は重たいだけで、邪魔物でしかない。軽くて、小さなトレイが1枚あれば、充分なのである。物を捨てて、フラフラ、ブラブラと生きる方が、物にしばられ、物のために生きているより、ずっと格好いい。建築に疲れ、物に疲れ切った千里《せんり》丘陵の夜に、僕はそんな大きな決心をしたのである。

そんな決心ができただけでも、大阪万博に行ったことは、無駄ではなかった。黒川紀章にはがっかりさせられたが、スイス館の広場とフランス館のトレイのおかげで、建築への夢はつながった。建築はおもしろい。デザインは捨てたものではないという気持ちになって、大阪万博から帰ってきた。

吉田健一と『ヨオロッパの世紀末』

大阪万博から帰ってきて、『ヨオロッパの世紀末』という本に出会った。生涯読んだ本の中で一冊を選べといわれたらば、僕はためらいなく、この本を挙げる。著者の吉田健一は、戦後体制を作った吉田茂を父に持つ、ケンブリッジへの留学経験もある英文学者で小説家だ。父の吉田茂が工業化によって、そして「建築化」によって日本を豊かにした張本人であったとしたならば、吉田健一はその父に対する、最高の批判者であった。作ることよりも、持つことよりも、それを使いこなし、使いたおすことの方がずっと豊かであることを、吉田健一は示した。父は作る人であり、子は作ったものを楽しむ人間であった。丸谷才一は、吉田茂の最大の功績は、豊かに成熟した日本を作って、吉田健一の文学の土壌を創造したことだと述べている。偉大なる茂の後に、健一という文化的なおまけが来たわけではなく、偉大なる健一文学の前段の準備をしたという大逆転の評価が、いかにも丸谷的にひねくれていておもしろい。

『ヨオロッパの世紀末』では、「作る」時代のヨーロッパ、すなわち産業革命と植民地での搾取によって、がむしゃらに豊かになったヨーロッパと、その後にやってきた退屈と退廃のヨーロッパ、すなわち「世紀末」とが対比されている。一般に世紀末とは、生産性のない、退廃的で不健康な時代と捉えられているが、吉田健一はその見方を反転し、世紀末を物質主義、拡張主義からの卒業と捉え、人間が人間を発見した最も豊かで美しい時代、その意味で最も健康な時代と再定義したのである。そして「世紀末」は、19世紀末のヨーロッパだけの出来事ではなく、ギボン（1737～1794、イギリスの歴史家）が『ローマ帝国衰亡史』で描いた衰亡期の古代ローマにも存在したし、ホイジンガ（1872～1945、オランダの歴史家）の『中世の秋』にもあったし、中国でも日本でもしばしば出現した普遍的な現象であり精神のあり方であると看破した。東晋の書家である王羲之（307～361、書聖と呼ばれる）が友人と酔っぱらいながら記した『蘭亭序』も、『源氏物語』の男女関係の洗練も、千利休が秀吉に代表されるニューリッチへの批判を込めて創造したワビサビの美学もすべて、世紀末の精神の現れであったというのである。

高度成長期の日本の価値観に疑問を感じ、「1964年」に代わる価値観を探し悩んでいた僕は、『ヨオロッパの世紀末』を読んで目からウロコが落ちる思いがした。70年万博での失望、落胆のあとに、自分が見つけたいと思っていたものが、まさにここにあったという思いだった。黒川紀章に代わって、吉田健一が、そして彼が描いたワイルド、ランボーなどの世紀末のアーティストが、僕の新しいヒーローになった。

オイルショックとトイレットペーパー

大学では工学部を志望した。工学を学ぼうということでは全くなくて、たまたま建築学科が工学部の中にあったからである。アメリカやヨーロッパでは、建築学科は原則として、工学部に所属していない。建築は工学ではなく、アートに近接した分野であり、殆どの場合、医学部と同じように、建築学部という独立した学部になっている。しかし、日本では、明治以来の富国強兵政策のなごりが残っていて、建築は国家を強く、豊かにするための道具であり、いまだに工学の一分野として扱われている。

大学入試で工学部へ進むコースに入学してから、大学2年で、工学部のどの学科に進むかという進学振り分けがある。僕は1973年入学で、当時建築学科は工学部で一番人気があった。建築学科志望者が定員をはるかに上回っていて、成績上位者だけが建築学科に進むことができた。70年の大阪万博の余波が続いていて、建設業は景気がよく、明るい未来が待っていると、みんなが信じていたのである。

ところが入学直後の73年の秋、オイルショックが起こり、突如、景気は暗転した。トイレットペーパーがスーパーから消えてしまったが、大学の生協でだけはなぜか売っていて、母に頼まれてまとめ買いをしたのを覚えている。世界が一変し、まわりの空気が変わってしまったように感じた。建設業は景気の暗転の影響をまともにくらった。時代の花形であったはずの建築が、工業化、建築化を目指して突き進んできた戦後日本の先端を走っていた建設産業が、一転して、時代に乗り遅れた不要の産業であると指摘され始めた。はしごがはずされたのである。高い点数をとるために、何年も留年をして建築学科に進もうとしていた友人もいた。そんなに建築をめざして頑張ってきたのに、突如価値感が変わりはしごがはずれ、信じていた地面の底が抜けてしまったのである。

東大の建築学科の長い歴史の中で、僕らの学年の進学時平均得点が最高点であった。建築という夢の最高潮に向かうはずが、突如地面の底が抜けてしまったのが僕らの学年であった。時代の花形であったはずの建築だったが、このあとは沈んでいく一方で、建築学科に進学する学生に必要な点数は、下がり続けていた。

しかし、僕は少しも驚かなかったし、落胆しなかった、建築が時代のエンジンではありえないことなど、とっくのとうに気づいていたからである。それでも建築は面白いと思っていた。一生をかけるに値すると思っていた。

しかし、正直なところ、どんな建築を作ったらいいかは全くわからなかった。ただ、丹下でないことはわかっていた。黒川でないこともわかっていた。もちろん、コルビュジエでもないし、ミースでもない。

にもかかわらず、建築学科に進んだ同級生たちは、依然として、そんな昔の建築家達にあこがれているのを見て愕然とした。「建築」はとっくのとうに終わっているんだぜ、今さら何ぼけたことといってんだ、という気分だった。だからといって、僕自身、何を作っていいかもわからなかったし、どんなデザインがこれからの時代にふさわしいのかもわからず、不満と不安で、すべてに八つ当たりしたい気分であった。

原広司と集落調査

その悶々とした状況の中で、唯一、シンパシーを感じたのが、原広司（1936〜）という建築家であった。原広司は、時代に背を向けた、変わり者の建築家と見られていた。当時の原広司は、作品をあまり作らず、黙々と集落の調査を続けていたのである。集落といっても日本の集落を訪ねるわけではない。世界の辺境の集落、中東、南米、インドといった場所の集落を訪ね歩き、そこから未来の建築のあり方を見付けるというのが、原の基本的なスタンスであった。夢ばかり見ているような、不思議な建築家であった。

原以前にも集落に注目した人はいた。建築写真家の二川幸夫は、日本の集落を撮り歩いた白黒写真を集めて、1963年、『民家は生きてきた』という写真集を出版した。文章は建築史家の伊藤ていじで、結核を長く患い、病から復帰したばかりの伊藤が、「1964年」の直前に書いた民家論は、丹下建築が主導した高度成長の日本に対する、強烈なカウンターパンチであるように見えた。

しかし、オイルショック後の混迷の中で悩む僕は、日本の民家にも希望を見出すことはできなかった。63年には輝いて見えていたかもしれない日本の民家も、70年代の目で見ると、すでにノスタルジーと復古主義の手垢にまみれて、後ろ向きの存在に思えた。要するに、ジジくさいものに見えたのだ。

一方、原広司は、日本の民家にそっぽを向いていた。原はノスタルジーとは縁がなかった。かといって、原は西欧を向いているわけでも全くなかった。ランドクルーザーで世界の荒野を旅する原の姿に、僕は憧れた。原は時々小さな住宅も設計していて、彼の自邸（1974）には僕の育った大倉山の家のような、不思議な暗さがあった。当時あのような暗い建築を作っていたのは、原一人であった。原は工業化社会にも日本の民家にも与せず、辺境を旅しながら、逆境を楽しんでいた。

当時の原は、本郷の東大とは違って自由な感じがあった六本木のはずれ、生産技術研究所に研究室を構えていた。どうしても彼の下で学びたいと思った。学びたいというよりは、彼と一緒に、荒野を旅し、地球の果てを歩いてみたいと思った。

原研究室に進むというと、同級生からは不思議な顔をされた。「集落なんて調査して、いったい何になるの」。何になるか、何の役に立つかは全くわからなかった。というより、何の役にも立たないだろうという確信があった。ただ荒野を旅するだけで充分だった。

１９７７年の春に六本木の生産技術研究所の原研究室に進んだけれども、原は何も教えてくれなかったし、授業やゼミを、原はやるつもりがなかった。教えてもらえるという期待は、すべて捨てることにした。教わる代わりに、ある日突然、工事現場に召集された。原が設計していた、千葉の山の中の小さな住宅現場で、あまりの工事の難しさと予算の無さのために、工務店が逃げ出してしまったのである。原研究室の学生が掻《か》き集められた。みんなの力で工事を引き継いで、なんとしても家を完成させると、原は宣言したのである。もちろん、研究室の活動であるから、バイト代がでるわけでもない。今こんなことをしたならば、驚くべきブラック教授と呼ばれるだろうし、東大は、ひどいブラック大学ということになるだろう。ネットは大炎上し、週刊誌で大騒ぎになるかもしれない。しかし、憧れの原先生にいわれたらやるしかないと、覚悟を決めた。

僕にとって、現場経験ははじめてではない。父と一緒に大倉山のボロい家の改装をやってきた。自分でペンキを塗ったり、天井や木の床を貼ったりした経験はある。しかし、千葉の現場はレベルが違った。朝6時にたたき起され、暗くなると電気をつけて、夜中の12時まで作業が続くのである。コンクリートは手で捏ねた。ミキサー車が来る訳でもないので、小さなトラックを運転してセメントと砂と砂利を買いに行き、それをシャベルでかきまぜるのである。工事というものが、どれほどに大変であるかを叩き込まれた。これに比べたら、徹夜で図面を書くことなんか、極楽のように楽なことに思えてきた。

それほどに朝から真夜中まで働かされても、誰も文句を言わなかったのは、原先生自身が一番働いていたからである。小柄な原先生が、体を丸めて、地面にはいつくばるようにして作業をしていた。何かブツブツ歌いながら、夜中まで働いていた。その住宅も小さかったが、原先生のデザインは驚くほどにユニークで、見たことがないものだった。だから、その工事の難しさに面食らって、工務店も逃げ出した。超現実的な途方もない夢の実現のために、少しでも役に立つことができるなら、こんな幸せなことはないと、僕らは感じていた。だからみんな一言も口をきかず、黙々と夜中まで作業をして、死んだように眠りこけた。

サハラの旅

この千葉の山の中の住宅を何とか完成にこぎつけた後、僕らはまたすることが無くなった。そろそろ旅に出ませんかと、原先生に持ち掛けた。それまで、原研究室では4回の集落調査を行っていた。第一回地中海、第二回中南米、第三回東欧から中東、第四回イラク・インド・ネパール、である。僕は、サハラ砂漠に行きましょうと、思い切って提案した。吉田健一が『ヨオロッパの世紀末』で取り上げていた、アルチュール・ランボー（1854～1891）の旅に憧れていたからである。ランボーはある時、詩を書くのをやめて砂漠の商人となり、1891年に全身癌腫で倒れ、マルセイユのコンセプシヨン病院にかつぎこまれて37歳で死んだ。あんな人生に憧れていた。あれだけの詩を作れる感性と柔軟性があったからこそ、ランボーは遊牧民達から慕われ愛され、砂漠を飛びまわり、砂漠を満喫した。しかしアフリカと聞いて、原先生の反応は全くかんばしくなかった。

「いくら何でも、アフリカはやばいんじゃないか。文化人類学の調査隊でも、随分学生が死んでるらしいぞ。他に、もう少し安全なところはないのか」

そこで一旦引き下がってアフリカを色々調べることにした。アフリカの専門家に、片端から会いにいった。サハラ砂漠の周辺の集落が一番魅力的に感じられた。いわゆるサバンナと呼ばれる草原地帯の集落である。中学生の時に愛読した、民族学者の梅棹忠夫の『サバンナの記録』（１９６５）も思い出し、日本の社会とは対照的なサバンナの暮らしに、直に触れてみなければならないと考えた。サハラの周辺で、ランボーのように砂漠の民と友人になりたいと夢みた。

ランボーは詩を放棄して、砂漠の旅人となることによって、真の詩を生きたといわれることがある。僕もそんなふうにして、砂漠というリアリティとぶつかって自分を試してみたいと願った。集落を扱った海外の書籍が見つかったが、そこに載せられた写真は驚くべき姿をしていた。違う惑星のようであった。

サハラには道はないが、地中海と、象牙海岸（コートジボワール）との間で、物資を運ぶトラックのための道らしきものはあるということがわかった。砂漠の中に、小石を積んだ道しるべのようなものが、ぽつんぽつんとたっているだけの道である。パリからセネガルの首都ダカールへと向かう、パリ・ダカール・ラリーという大イベントもあって、砂漠を走る様子が、とても気持ちよさそうであった。安全性については聞く人によって答えが違ったが、ラリーをするくらいだから、何とかなりそうな気がしてきた。

人を説得するには、計画をとことん具体的につめて、こちらのやる気を見せることである。それは、僕の今の日常を支え、プロジェクトの実現を可能にしてくれる方法でもある。地中海沿岸の港アルジェから、まっすぐ南下し、アトラス山脈を超えて、サハラ砂漠に突入する（図24）。人も住めず、集落も何もない砂漠を縦断するのに何日かかかるが、その分のガソリン、食料、水が積める車を用意すればいいだけである。ただし車は2台1組でなければ、砂漠の通行許可が下りない。1台で砂漠に飛び出して行って、車にトラブルがあると、そのまま死んでしまうからである。そういう細々とした具体的説明をして、原先生は、やっと首を縦に振ってくれた。「よし、サハラ、行こう」。

1978年の12月、スペインのバルセロナから旅ははじまった。シロッコと呼ばれる強い南風が吹くので、アルジェ側には日本からの船が着けられない。ガソリンタンクを増設し、車体の下を厚いアルミパネルでカバーした四輪駆動車を2台、日本からバルセロナの港に送った。それをマルセイユまで運転し、マルセイユからフェリーでアルジェへと向かった。フェリーはシロッコを受けて激しく揺れ、季節労働者達と一緒に船底で雑魚寝をした。鳴り響くアラブの音楽と、異種の香料の臭いの中で、激しい船酔いに見舞われた。地中海は、暗く、臭かった。

アルジェの港から南下して、まずムザブの谷の7つの集落を調査した。エジプトから宗教上の争いで逃れた人々が、砂漠の中にこの7つの集落を作ったといわれている。な

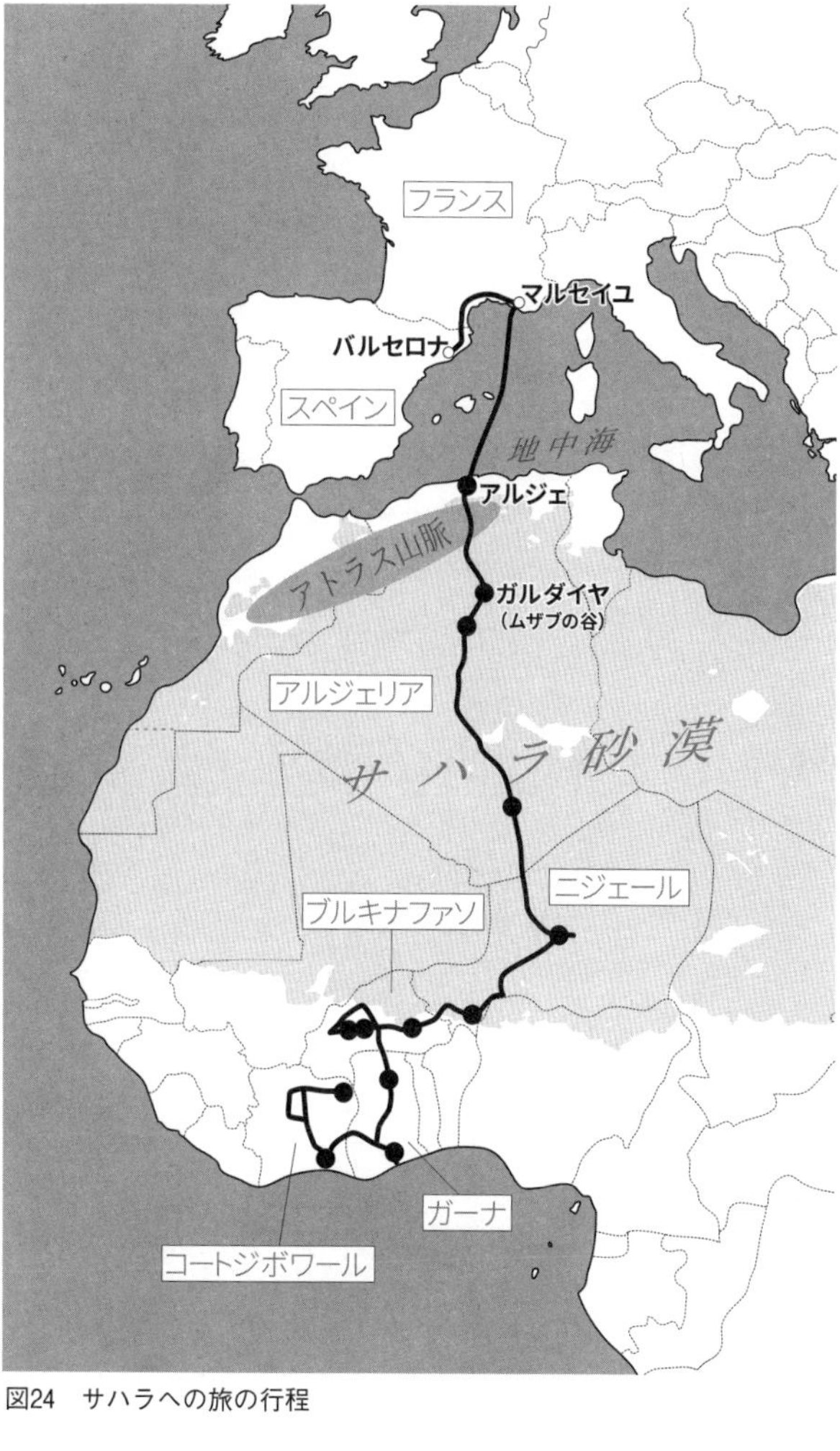

図24　サハラへの旅の行程

かでもガルダイヤの街（図25）は最も美しく、街全体が、白い角砂糖を積み上げて作った、人工の丘のようであった。丘の頂部には、モスクの尖塔が高く聳え、すべての住戸からこの尖塔が見えるように建設されたと伝えられる。

「ガルダイヤからすべてを学んだ」とコルビュジエが語ったらしいぞと、原先生が教えてくれたが、後でコルビュジエの著作集を捜しても、その言葉は見つからなかった。しかし、確かに、コルビュジエの特徴的な建築言語の多くを、ガルダイヤで見つけることができた。たとえば悪魔よけのための「手形」がガルダイヤの家々の扉に描かれている。コルビュジエもまた「手形」を建築に用いており、インド、チャンディガールで「手形」をモニュメントにした。ガーゴイルと呼ばれる壁から突き出した大きな樋も、コルビュジエと共通していた。

コルビュジエが実際にガルダイヤを訪れた記録は見つからなかったが、コルビュジエが「南」への旅から多くを学び、発見し、彼自身が「南」への旅で変身を遂げたことは間違いない。コルビュジエは特にアルジェリアを愛し、またアルジェリアの肉感的な女性を愛し、数多くの裸婦のスケッチを残している。冬は雪に埋もれるスイスの山村出身のコルビュジエは、「南」に憧れ、「南」への旅によって自分自身を変えていった。初期のコルビュジエの建築は、冷たくて、無機的だけれども、「南」への旅を繰り返すことで、彼は自身を変え、建築史の流れ自体を変えた。工業社会に奉仕する、均質で無機的なものから、より自由で、より触覚的なものへと、コルビュジエは建築史を転換したのである。晩年の彼は、夏に、南仏のカップマルタンの小さなコテッジで過ごした。その小屋の前で遊泳中に、彼は、77歳の生涯を閉じたのである。

図25　アルジェリア、ガルダイヤの街

今、振り返ってみれば、「南」への旅、サハラへの旅が、僕を救い、僕を変えてくれたのである。

ムザブの谷を過ぎると、いよいよ本格的な荒野がはじまる。早朝にたたき起こされて、車を走らせる。どの集落を訪れるかを、あらかじめ決めているわけではない。そもそも集落は、小さくて、ほとんどは地図にのっていないから、あらかじめ計画をたてることなどできない。そういう小さな集落にしか、われわれの関心はなかった。それでも、集落調査には独特のリズムというものがある。

しばらく車を走らせると、前方に集落らしきものが現れる。サハラの集落は、その場所の土を水で練り、太陽で干して固めた日干しレンガ（アドベ）で作られているので、風景にすっかり同化している。だから、赤い土の塊として、車の前方に出現するのである。僕にとって、人工と自然との中間のようなサバンナの集落は、多くのヒントをくれる。人工物を自然と対比させるのではなく、どこまで自然に近づけられるかが、僕の建築の理想である。速度を落としていって、その土の塊が明らかに集落であり、そこから「何か」が感じられたらば、走っていた幹線道路からハンドルを切って、集落に突入していくのである。

それはまさに突入と呼ぶのにふさわしい、向こう見ずの行動であった。予備のガソリンをルーフの上に載せた、無気味な姿をした車が、突如、見ず知らずの村に乗りつけるのである（図26）。

そもそも、集落を調査する許可をあらかじめとっているわけでもない。仮に集落の情

図26　サハラでの集合写真、左から藤井明、佐藤潔人、隈研吾、竹山聖、原広司。撮影者：山中知彦

報を手に入れ、調査許可をその国に申し込んだとしても、許可が下りるのにどれくらいの時間がかかるかわからないし、そもそも許可がでるかもわからない。まずは直接ぶつかって、突入してみようというのが、原研究室のやり方であった。

サハラの子供

そんなやり方で集落に突入して、撃たれたり、石を投げられたりしなかったのは、まったく運がよかったとしか言えない。しかし、われわれにも、それなりの戦術というものはあった。ボールペンをたくさん買い込んで、ポケットに忍ばせていくのである。

見ず知らずの村に、どんな人、どんな気質、どんな宗教の人が住んでいるのかはわからない。当然こちらは、びくびくである。しかし、それは向こうとしても同じことのはずである。見慣れない車が乗りつけてきて、ボロボロの格好をした東洋人が、どんどん近付いてくるのである。

小屋の窓から、皮を編んだ垣根の隙間から、強い視線が浴びせられるのを感じる。しかし、誰も出てこないで、じっとこちらを観察している。

最初に出てくるのは子供達である。小屋の外で遊んでいる子供達が寄ってきて、何やら質問してくる。もちろん、何を言っているかはわからない。こちらはただニコニコしながら、ポケットのボールペンを差し出すのである。ワァと歓声が沸き上がったなら、しめたものである。どんどん子供達が集まってきて、ポケットにつめこんでいたボールペンは、すぐになくなってしまう。「もっとないのかよ」、みたいな感じで、広場に子供の声が響く。子供と仲良くやってんだから、悪いヤツらじゃないかもと、大人達も思い始める。一人、また一人と大人が集まってくる。頃合いを見て、「家を見せてくれ」と、フランス語で聞いてみる。サハラのまわりは、旧フランス植民地が多かったが、それでもフランス語が通じることは少ない。身振り手振りで「家を見たい」気持ちを表現しながら、どんどん集落の奥に入っていって、最後には家の中にまで入っていくのである。だめだと止められることもあるが、だめだとはっきり拒絶をされるまでは、どんどん進んで、ずかずかと家の中に入っていくというのが、原研究室の流儀であった。

もちろん、殺されたり、怪我をしたりしなかったのは運がよかったという以外、言いようがないのだが、われわれは大丈夫なんじゃないかという、根拠のない自信のようなものがあった。大げさな言い方を許してもらえるとすれば、人間と人間の間では、必ず何かを共有することができるという確信である。共有できるものを信じるからこそ、こんな遠くまで来て、集落を調査するのである。その集落の中の、隠れたアイデアや、隠された知恵を見つけ出したい。それがいつか、僕が建築をデザインするとき使えるかもしれない。僕を助けてくれるかもしれない。

家の中に入っていった僕らは、家の寸法を測りはじめる。巻き尺を使う訳だが、巻尺で測るためには、片方の端を誰かが持ってくれなければならない。ここでもまた子供達に助けられた。子供達はキャッキャッとはしゃぎながら、巻き尺を持ち、調査を手伝ってくれた。

ひとつの集落を調査するのに、だいたい2~3時間かかる。平均すると、午前にひとつ、午後にひとつというペースで、2か月の旅の間に100個ほどの集落を調査して、図面化することができた。すべてあの子供達のおかげである。

集落調査を続ける僕

東京駅のステーションギャラリーで『くまのもの』という個展を開いた(2018年3月〜5月)。僕の作品の模型や材料のサンプルを、たくさん展示した。世界中に散らばる僕の工事現場で使う、多種多様な現地の素材を並べてみた。様々な石、木、紙が集まって自分でも驚いた。原先生が見に来てくれて、「隈はあれからずっと集落調査をやってんだな」と、つぶやいた。

いわれてみれば、確かにその通りだなと思った。あの集落調査のリズムのままに、僕は今でも仕事をし続けている。早朝から走り続けて、現場に着くとぐるぐる歩き回り、終わるとまた走って次の現場に行く。暗くて何も見えなくなるまで、これを繰り返し、倒れるようにして眠る。集落調査の時は、砂の上にテントを建てて、寝袋にくるまって寝たが、今は大抵ベッドの上で眠れる。それぐらいしか違いはない。

知らないところに行って、知らない人に会うというところも、集落調査に似ている。仕事の依頼はほとんどメールで、突然にやってくる。知らない場所の、知らない人からメールが来る。初めての場所からの仕事は、基本的に受ける。初めての場所に行ってみたいからである。何しろ知らない場所だから、どんな危険が待ち受けているかもしれないし、こちらを騙そうとして呼び出されたのかもしれない。

しかし、とりあえず行ってみる。見ず知らずの場所、知らない人との間でも、必ず何かを共有できるのではないかという自信、確信があるからである。そのやり方をサハラの集落調査で学んだ。サハラのおかげで何も怖くない。どこも怖くない。それぞれの場所と人達と共有できた何かを形にすることが、僕の仕事だと思っている。それが僕という人間に与えられた使命だと思っている。

場所が違い、出会う人が違うから自然に、僕の作品はひとつずつが違う。工業というのは、同じものを繰り返し作ることである。そうしないと利益があがらない仕組みになっている。機械が作るなら、それでいいのかもしれないが、人間がものを作るのだから、同じものを繰り返したくはない。すべての場所が違うのだということを、すべての人間が違うのだということを、建築を通じて証明したいのである。

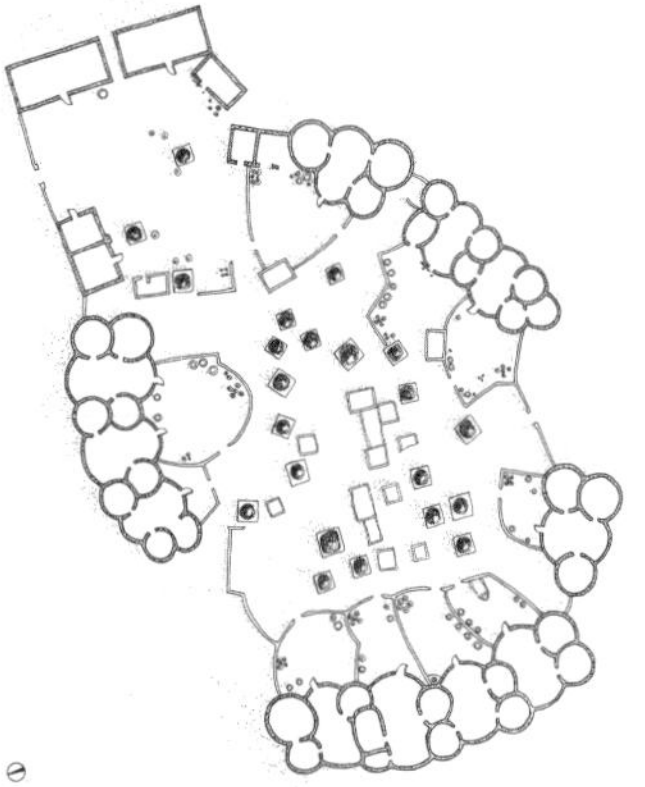

図27　集落のひとつ、テナドのコンパウンド（『集落への旅』原広司著、岩波新書より）

サハラからは、いろいろなことを教わったが、一番面白かったのは、建築の単位が小さいということだった。一軒の家が単位ではなく、小さな小屋が集合して、家という、ゆるいカタマリを作っていた。アフリカのこのようなゆるい住居形態を、文化人類学者は「コンパウンド」と呼んでいる（図27）。彼らの家族は基本的に一夫多妻制で、ひとつの小さな小屋には、ひとりの夫人と、その夫人の生んだ子供達が住んでいる。夫は自分の小屋を持たず、複数の夫人の小屋を渡り歩いて暮らしている。それぞれの小屋の前には、土を固めてカマドが作られ、夕方になると、どの小屋の前でも、薪をくべて、炊事が始まる。夫は、ひとつの小屋を選んで、別の言い方をすればひとつの料理を選んで、その料理を作った妻と、その子供達と食事を共にする。カマドも外にあるし、食べるのも外である。食べ終わったら、その妻の小屋に入って、妻と子供達と眠る。

食べた妻のところで眠るというのがルールで、その晩は、その妻に忠誠を尽くさなくてはいけない。

この生活形態から生まれたコンパウンドという形式の「ゆるい家」は、実にかわいらしく、のどかである。単位となる小屋が小さいし、土と木の枝と草でできているから、違和感なく風景になじんでいる。野外での生活、活動が重要だから、小屋と小屋の間にそのための隙間がたくさんあって、全体がパラパラとしていて、すがすがしい。

離散型住居

原先生はこのような建築のあり方のことを、離散型と名づけた。離散型というのは、感覚的な用語に聞こえるかもしれないが、実は厳密に数学的な概念である。原先生は、集落のような泥臭い対象を、数学という科学的な道具で分析しようと考えていた。この方法は20世紀後半以降の世界観、哲学に大きな影響を与えた文化人類学者レヴィ＝ストロース（１９０８～２００９）の方法に極めて類似している。『悲しき熱帯』（１９５５）で知られるレヴィ＝ストロースは、「南」に惹かれ、集落を調査し続けたが、彼もまた群論をはじめとする数学を武器として、「南」を分析していた。数学を使うことによって、南と北とを同一の地平上に並べ直し、世界の見直しを求めたのである。彼の数学によって、世界は全く違うものに見え始めた。僕らは、数学科に学ぶ友人を研究室に招いて、しばしば数学と集落の関係について語り合った。数学があったから、僕らは集落の中に溺れずに、世界の様々な集落を同一面に並べ、比較することができたのである。数学がなければ、集落調査はただのノスタルジックな旅に終わってしまっただろう。レヴィ＝ストロースはその危険に、いち早く気づいていた。

数学的にいうと、離散の反対は密着である。日本の社会は密着型で気持ちが悪いと、僕らは考えていた。上がこっちを向くと、みんながそっちの方を向くような社会が、密着型の社会である。日本という社会の中で、一人ひとりの個人は違うようでいながら、実はひとつの大きなダンゴになっている。その逆に、人と人との間に隙間があって、一人ひとりが勝手な方向を向き、勝手なことを考えている社会が、離散型の社会である。そんな社会の在り方を建築に翻訳すると、離散型の建築になる。

隙間だらけのパラパラとした建築を作ると、人間関係もそれにつれて離散型になるんじゃないだろうか。日が暮れると、焚火を囲んで、そんな夢みたいなことを語り合っていた。砂漠の夜は急に冷えるから、焚火が必要なのである。寝袋にはいってからも、原先生は時々起きて、薪をくべていた。火を絶やしたらダメだ、火が消えてしまうと動物が来るぞと、原先生は繰り返しつぶやいていた。キップリングの『ジャングル・ブック』でそう教わったというのである。

サハラからの帰還

サハラの旅は夢の中の出来事のようだった。夢の中に出てくる不思議な集落に出会い、夢の中のようにやさしく親切な子供達に出会う。同時に、夢の中で、世界について教えられた。建築についても教わった。サハラに来る前と来た後では、世界がまったく違って見え、建築に対する考え方がまったく変わった。大阪万博で建築に失望した後の、悶々として鬱々とした気分が、サハラの青空のように、晴れ渡った。

しかし、それですらすらと、新しい建築の絵が描けるという、簡単な話ではなかった。建築とは1日にしてならずである。それから、さらにいろいろな経験をして、いろいろな補助線を乗り超えなければならなかった。

暑いサハラから、1月の寒い東京に戻って、1か月の間に修士論文を仕上げて提出しなければならなかった。「住居集合と植生」というのが選んだタイトルである。建築というせせこましい枠組みを超えた論文を書きたかった。建築だけを見て、その配置や形態だけを考えてデザインをする時代を終わりにしたいと考えた。建築とその周囲の植物とが連動しながら、ひとつの調和した、なだらかな環境を作るべきだと考えた。人間と植物とのそんな理想の在り方を、サハラ周辺の草原地帯の集落に求めるというのが、論文の筋書きであった。

志は大きくて、テーマ自体は悪くなかったと思う。しかし、設定したゴールの高さと比較して、当時の僕はあまりに幼稚であったし、知識も経験もなかった。建築と植物とを統合した理論などというものを書くには、100年早いという感じだった。できあがりはひどい論文だったが、なんとか卒業だけはできた。

設計事務所に就職をして、実際の設計の仕事をはじめると、さらに自分の幼稚さ、無力さを思い知らされた。サハラで新しい建築のイメージを漠然とは手に入れることができたけれど、現実の社会と、サハラの夢の間で、どう折り合いをつけていいかがわからなかった。

サハラから戻ったのが1980年。そこから1991年にバブル経済が崩壊するまでの10年間は、戦後の日本システムの最終局面、ホームストレッチといってもいいだろう。建築というエンジンに依存して、高度経済成長を維持してきた戦後日本のシステムは、1970年を変曲点として、すでに曲がり角に差し掛かっていた。高校生の僕が、長蛇の列に疲れ切り、恥ずかしいデザインのパビリオンにがっかりしながら、大阪万博の会場を歩き廻っていた70年を境にして、戦後システムは崩れ始めていたのである。70年から、多くの統計指標が反転をはじめる。人口の増加のカーブが反転し、少子高齢化の兆しが現れ、製造業中心の経済にかげりが見え、マイナー産業とみられていたサービス業に、新しい動きが起こり始めた。70年とは、そういう年であった。

崩壊し始めたシステムを維持するために、様々な無理が重ねられた。システムの末期にありがちな悲しい現象である。公共投資はエスカレートし、製造業にはかげりが見え始めたので、建設産業への依存がいよいよ強くなり、必要性の感じられない公共建築が乱立した。保守党の政治家は、地元への利益誘導によって、何とかこの戦後システムを維持しようと、あがいていた。土地やマンションへの投資を誘導し、経済成長が続いているように見せかけようと、政府も財界も必死であった。土地やマンションが高騰すれば、建設業も潤うという仕掛けである。産業資本をエンジンとする社会から、金融資本主義をエンジンとする社会への転換ともいえるが、流動性を増した資金の行き着く先は建築だったわけだから、戦後日本の基本構造に変わりはなかった。そうまでして、なんとか戦後体制を維持しようとした結果が、バブルエコノミーという形をとった。

第3章　1985——プラザ合意

武士よさらば

当時の建設業界は、江戸時代の武家社会のようだと僕は感じていた。戦国時代の社会は実際に武士を必要としていた。武士の力によって、武士の暴力によって、中世の日本は近世の日本へと脱皮できたのである。

平和な江戸時代がやってきて、もはや社会は武士を必要としなくなった。しかし、江戸幕府は、功績のあった武士階級を尊重し、彼等の特権を温存した。武士は士農工商の身分制度の最上位に位置づけられ、いばり続けることができた。日本社会は、一貫して温情社会であり、過去の功績、過去の特権は尊重され守られ続ける。

そして、すでに自分達が不要であることに気がついた人々は、自分達の倫理、美意識をエスカレートさせることによって、自身のレゾンデートルをアピールする。時代が転換する時、人間は昔から同じことを繰り返し、前の時代のエリートは、必死に延命を図った。江戸時代の武士は、まさにそのようにして武士道を尖鋭化し、自分達の存在を正当化しようとした。戦国時代の武士は、倫理や美意識よりも、明日の戦に勝つことがまず大事な、現実的な人達であった。しかし、江戸時代に、転倒が起こる。

江戸時代の武士道の究極のテキストといわれた『葉隠《はがくれ》』は、武士の倫理と美学を究めた「武士の遺書」であった。「武士道と云ふは死ぬ事と見付けたり」というのが、『葉隠』の結論である。江戸時代の武士の最終目標は、目の前の戦に勝つことではなく、倫理と美に殉じ、死ぬ事であった。そしてよく知られているように、三島由紀夫（1925〜1970）は『葉隠』を愛読し、少年時代から20年以上手元に置き、ことあるごとに読み返していたと伝えられている。三島は『葉隠』への思いを、『葉隠入門』（1967、光文社）という評論にまとめ、その3年後の1970年、大阪万博の年に、市ヶ谷の自衛隊へと突入して自決しその武士の美学と倫理を完遂したのである。1970年とはまさに、戦後が反転した年であった。建設という戦いはもはや不要な平和な時代となり、実践的武士から、美学に殉じる「葉隠」的武士への転換を象徴する年であった。

80年代の建築の世界も、戦場を失った武士によく似ていた。第二次大戦後の日本は、確かに、建築を必要としていた。西欧に追いつくために、たくさんの建築を建て、速い鉄道を走らせ、長い道路を作る必要があった。それが、1970年の大阪万博の頃には、ほぼ目標を達してしまった。戦場はなくなり、江戸時代のような平和な時代がやってきたのである。それでも、江戸幕府が武士政権であったように、1970年が過ぎても、戦後日本の政治も経済も、依然として建築主導であり、建築は作られ続けなければならなかった。作る必要のないものも、たくさん作らなければならなかった。無理に無理を重ねて行きついたその先が、80年代のバブル経済であった。バブル経済は、土地の値段が根拠のない非常識のレベルにまで高騰した現象である。が、土地は土地の論理によって高騰したのではない。土地はその上に建築を建て続けるという圧力に押されて、根拠なく高騰したのである。

僕が飛び込んでいった80年代の建築業界は、様々な意味で、武士道が支配する、閉じられた息苦しい世界であった。

70年以降の建設業の世界は、武士道的な進化を辿った。すなわち『葉隠』的な完璧な美学、厳しい倫理へと一方的に傾斜していった。欧米の建設業の技術、クオリティに追いつくことをめざして走ってきた日本の建設業界は、1964年の東京オリンピック、1970年の大阪万博というふたつの国家イベントを成功させて、ほぼ目標を達した。僕をシラけさせた大阪万博ではあるが、奇を衒《てら》ったパビリオンは6400万人の入場者を集め、史上最高の万博ともいわれた。

その後の建設業界は、建築の質の向上をさらに追究し、日本の建築の質は世界最高と称えられた。たとえば、まさに日本刀のような質のコンクリートが実現した。コンクリートは、驚くべき精度でツルツルピカピカの表面を獲得し、内装でも、「巾木《はばき》と床との間には、名刺1枚分の隙間をめざせ」といわれるほどの、ミリ単位の精度が追究された(巾木とは、床と壁がぶつかる内装部分に置かれる建築材のこと)。この異常なほどの高精度が建築に要求される国は、日本しかない。バブル時代に日本に招かれて仕事をした海外の建築家達は、自分の図面が自分の国では決して到達できないような精度で実現する様子を見て、驚愕し、歓喜した。「日本は夢のような国だ」「また日本で仕事をしたい」と、世界の建築家達はささやき合ったのである。

これだけの精度で建築を作ったら、当然建築コストは上がる。しかし、海外から低価格で参入する建設業者はいなかったので、建築単価がいかに高くなろうと、心配する必要はなかったのである。様々な参入障壁があって、実質上、海外の建設会社は日本で仕事をすることはできなかった。いくらコストが高くなろうと、日本の建設会社は何も心配する必要はなかったのである。

海外からの参入がなければ、国内の限られた建設業者の間では、談合的に値段が決定されていく。実際に談合が行われているかどうかとは無関係に、高価格は維持されたので、建設業界は安泰であり、武士達は日本刀を磨くことに励んでいればよかったのである。

建築家も武士化

建設業界がこのように武士道化、『葉隠』化していっただけではなく、本来自由であるはずの建築デザイン、建築家の世界も、武士道化、『葉隠』化の途を駆け昇っていった。建設業界が精度を追究していくのに比例して、デザイナー達も精度を追究し、空間の抽象性をどんどんあげていった。シンプルで抽象的である程美しいとされ、倫理的であるとされたし、クライアントの言うことを聞いて、様々な装飾やノイズのある建築を作る人々は、倫理的ではなく、「商業的」で不純な人々であるとして、格下に見なされた。ホワイトキューブ（抽象性を徹底させた空間を指す）という言葉も生まれ、抽象的で雑物のないホワイトキューブが、ミュージアムだけではなく、住宅においても、理想の空間とされた。

建築デザイナーの世界はこの価値観と倫理に染上げられ、武士の世界の外側にいる一般の人たちは、「建築家は何も言うことを聞いてくれない」「壁にポスターを貼っただけで怒られる」とぼやいていたけれども、すべての建築家が武士道に染まっていたので、他の人に頼むということもできなかった。外部の参入のない談合的世界の中で、建築家の美学もまた、先鋭化されていったのである。

先述した『10宅論』の中で、日本で流行の10の建築スタイルのひとつとして、「アーキテクト派」という言葉を設けた。武士道化した建築家達が信奉する、抽象度が高く、雑音を嫌うスタイルを、他の通俗的建築スタイルと同列に扱った、アーキテクト派と笑い飛ばすことで、僕は建築デザイン界の武士道化を批判したかったのである。

武士道の実現のために身を挺して働くことが求められ、設計事務所の若い所員たちの徹夜が美徳とされた。この武士道システムによって、日本の建築デザインのレベルは世界最高といわれるレベルに到達した。建設業界が世界最高の質の建築を生み出したように、建築デザインでも、日本は世界を圧倒したのである。実際の社会のニーズとも、人間の生活とも無関係に、武士として己の美学を究めることで、日本の建築デザインは世界から注目されたのである。

80年代の建築設計のチャンピオン、安藤忠雄（１９４１〜）は、武士道のチャンピオンでもあるように僕には感じられた。日本刀のような完璧な精度で、コンクリート建築を建設することで、安藤は武士道のチャンピオンとなった。その日本刀の美を邪魔するようなノイズは、徹底して排除された。完璧な精度を達成するための、暴力が許容されたところも、武士的であった。安藤はボクサーをしていた経験があり、所員を殴るとのことで有名であった。時には所員だけでなく、建設会社の社員のことも殴るという噂もあった。なんのためであろうと、人を殴ることが許されるなんて、ありえないと僕は思った。殴ることで、美しいコンクリートを実現することが美談とされるような日本の建築界は、息苦しく、気持ち悪く感じられた。こんな場所にはもういられないと思い、85年、僕はニューヨークに飛び出した。閉じられた息苦しい武士道の日本の対極が、ニューヨークであるように思ったからである。ニューヨークは武士から一番遠い場所で、自由であるように感じられたからである。

ニューヨークとプラザ合意

85年のニューヨークは特別な時間を迎えつつあった。暑い8月に着くと、58丁目のプラザホテルの周りは、警官がバリケードを作っていて、異様な雰囲気であり、先進五か国の首脳がプラザホテルに集まり、プラザ合意が交わされようとしていたのである。経済の国境を消去し、お金が自由に地球上を廻る世界がはじまろうとしていた。まじめに物を作る産業資本主義では、もはや肥大化した世界を廻していくことはできない。国境を越えて自由になったお金を主役とする金融資本主義によって、なんとか世界を廻し続けようという、大きな決断が下された場所に、偶然僕は居合わせた。

アッパーウエストのコロンビア大学から、客員研究員という何の義務もない自由なポジションをもらって、ニューヨークの街をうろつきはじめた。武士にさらばをして、汚くて、危なくて自由な世界に出会うことができたのである。

ニューヨークで一番おもしろかったのは、1929年の大恐慌が起こる前の、通称アール・デコ建築と呼ばれた一群の建築であった。クライスラービル（1930、図28）やエンパイアステートビルが、アール・デコ建築の代表である、まさに恐慌直前のバブル経済の産物であった。大恐慌の直前、不動産は高騰し、はじけたようなデザインの建築がもてはやされ、建築家もディベロッパーも、浮かれはしゃいでいた。同じことがまた起き、その再びのお祭りが、1987年10月19日のブラック・マンデーで突然に終わってしまったことがおもしろく、痛快であった。日本のバブルもそう長くはないだろう。もうじき、すべてが終わってしまって、新しい時代が来ることは間違いないと感じながら、アール・デコ建築をその後も再訪し、その自

図28　アール・デコ建築の代表、クライスラービル（アメリカ、ニューヨーク）

由に酔いしれていた。

中筋修《なかすじおさむ》とコーポラティブハウス

そんな時、ニューヨークの小さなアパートに、二人の一風変わった建築家が訪ねてきた。一人は大阪からやってきた中筋修である。同じ大阪人でも、中筋は安藤忠雄の対極にいた。安藤の建築が研ぎすまされた日本刀であるとしたならば、中筋の建築は、大阪のぐちゃぐちゃのお好み焼きのようであった。雑多な材料、形態が入り混じっていて、下手くそなデザイナーと自他共に認めていた。

中筋は、コーポラティブハウスと呼ばれる集合住宅を作り続けていた。何人かの仲間が集まって自分達のマンションを共同で建てるのが、コーポラティブハウスである。中筋はまず友人に呼び掛けて、一緒に安い土地を買う。その土地の上に、それぞれの、好みの勝手なプランとデザインを組み合わせて、ぐちゃぐちゃとした乱雑な共同住宅を建てるのである。安藤の日本刀とは、すべての面で対極にあった。

「仕事がくるのを待ってるからあかんのや。仕事は自分でつくるもんや」というのが、中筋の口癖であった。兵農分離以降の、土地から切り離された『葉隠』的武士のチャンピオンが安藤忠雄だったとするならば、中筋は兵農分離以前の野武士であった。土地と密着していて、何があっても喰っていけるたくましさを持っていた。日本の建築界にも、こんな変な野武士がいたことを知って、嬉しくなった。

もう一人の変人は、高知からニューヨークまで訪ねてきた小谷匡宏だった。小谷のデザインも、日本刀とは対極のぐちゃぐちゃであったが、高知人らしく酒がやたらに強くて、ニューヨークのバーを一緒に廻り続けた。日本に帰ってから僕を新しい世界へと導いてくれたのはこの二人である。

１９８６年に東京に戻って、自分の事務所を開くことにした。中筋に相談したら、仲間を募って、コーポラティブ方式で一緒にビルを建て、そのワンフロアを隈の事務所にすればいいやん、ということになった。小さな印刷工場が神田川沿いに並ぶ江戸川橋に土地勘があったので、安い土地を見つけたら、あっという間に仲間が集まった。川沿いに小さな工場が並ぶ場所は、自分にぴったりだと感じた。武士道とは対極の、乱雑な場所だったからである。バブルがはじける直前で、自営業の連中も、元気だけはあった。自分の事務所も手に入れられるし、しばらくすれば土地はもっと値上がりするだろうと、誰もが陽気に信じていた。

しかし、ビルが竣工してすぐ、バブルが崩壊し、土地の値段は暴落した。値上がりするどころの話ではなかった。無理をして銀行から借り入れしていた僕らは、突然大ピンチに陥った。破産した人もいるし、自殺してしまった人もいた。中筋の会社自体が返済不能に陥った。中筋も、飲みすぎがたたったのか、ガンで亡くなってしまった。幸い僕の事務所だけが生き残った。その後の18年をかけて、僕はみんなの借金数億円を肩代わりして、返済した。それが、たくましい野武士の道を教えてくれた中筋に対する、恩返しになればという一心であった。

なんでこんな悲しい結末になってしまったんだろうかと、いろいろ考えた。お仕着せのマンションなんかに住みたくない。マンションの値段のかなりの部分が広告とモデルルームに使われるともいわれる。大企業が作ったお仕着せの商品を買わされて、一生かかってローンを返し、その退屈な商品がひとつだけ残る。その商品を子供達に相続しようとしたら、そこでまた高額な相続税をとられて、相続さえもおぼつかない。大企業と国家に搾取されるだけのそんな人生から抜け出したいと思って、仲間で家を建てようというコーポラティブハウスに、みんなで飛びついたのである。

マルクスと共に『資本論』を書いたフリードリッヒ・エンゲルス（１８２０～１８９５）は、その著書『住宅問題』の中で、労働者に家を与えるという政策によって、労働者はかつての農奴以下の悲惨な状況に陥るだろうと予言した。なぜなら、家を所有することができたからといって家は金を生み出すわけではなく、彼等は家を持つという幸福幻想にからめとられて、家のローンのために死ぬまで働くことを強制されているだけだからである。エンゲルスの時代、まだ住宅ローンは存在せず、持ち家政策も世界には存在しなかった。しかし、エンゲルスは見事に、未来の労働者の悲劇を予言していたのである。

日本の現状の悲惨さは、エンゲルスの予言を上回るともいえる。日本の相続税のシステムは、エンゲルスの想像を超えていた。ローンを払い終わったとしても、相続税を払うために、家は国家に召し上げられてしまうのである。

この地震国では、さらに最悪のケースも起こりえる。ローンを払っている途中に地震や津波が来れば、二重ローンという地獄が待ち受けているのである。それが持ち家政策の正体であった。「持ち家」というエンジンをフルスロットルでふかすことによって国家を廻すことが、戦後日本の武士道システムの正体であった。エンゲルスの指摘をはるかに上回る過酷さで、武士道は労働者を拘束し、搾取し続けたのである。

大阪の商人である中筋は、この武士道システムに異を唱え、仲間で自由にみんなの家を作るという新しいシステム——コーポラティブハウス——を発明した。江戸の武士とは真逆の道を、中筋は歩みはじめたのである。

しかし、さすがの中筋も、家の私有というシステムから抜け出すことはできなかった。集まった仲間が、それぞれ自分の思い通りのプランの住宅を私有するというのが、中筋の描いた筋書きであった。大企業の作ったお仕着せマンションは否定したが、住宅の私有という、20世紀最大のニンジン、エンジンまでは否定しなかったのである。むしろこのニンジン、この私有の欲望を最大限に利用して、仲間を集めたことに、コーポラティブハウスの成功の秘訣があった。それは同時にコーポラティブハウスの限界でもあり失敗の要因でもあった。

目の前で小さな会社がつぶれたり、人がどんどん亡くなったりするのを見て、私有というエンジンが、いかにもろいものであり、いかに人間を不幸にするかを思い知った。私有することは、幸福をもたらさずに、重たい不幸を連れてくるのである。

図29　檮原の木造芝居小屋「ゆすはら座」（高知県、檮原市）

檮原《ゆすはら》町で木に出会う

バブルがはじけ、中筋とやっていたプロジェクトが大変なことになっていたちょうどその頃、ニューヨークで知り合ったもう一人の変人、高知で小さな設計事務所を営む小谷匡宏から、連絡があった。高知と愛媛の県境の檮原という町で、木造の芝居小屋（図29）が壊されかけている、是非見に来て欲しい、保存運動に関わって欲しい、というのである。

四国山地の辺境の町、四国なのに雪が降る町と聞いて、興味を持った。どんな芝居小屋かはわからないが、とりあえず山奥を訪ねたいと思った。バブルがはじけた後で、東京のプロジェクトはすべてキャンセルされていたし、東京という場所そのものが、いるだけでひどく疲れる気がしていた。集落調査の記憶がよみがえって、いてもたってもいられなくなった。

集落調査を経験するずっと前から、田舎に対して憧れがあった。小学校の頃から、長い休みになると、横浜の家を逃げ出して田舎の親戚の家に遊びに行っていた。西伊豆の海岸の町、松崎の夏や、信州の大町のさらに山奥に暮らす親戚の家の冬は、特に大好きだった。

父親は都会に住む、大地から切り離された、兵農分離後の武士で、会社での昇進と定年ばかりを気にしていて、家の中は息苦しかった。一方、田舎のおじさん、おばさん達は、大地とつながっていた。彼らは、どんなに農業が大変で、田舎の暮らしが苦労の連続であるかをおもしろおかしく愚痴っていたが、その顔は輝いて見えて、大企業中心の社会システムに従属するだけの父親や母親よりも、幸せそうであった。都会というのは不健康で嫌な場所で、田舎こそが、人間にふさわしい場所に思えた。だから檮原がとんでもない田舎だという話を聞いて、飛んでいきたくなったのである。

民俗学の宮本常一（1907～1981）は、檮原の一人の老人の女性遍歴の武勇伝を聞き書きして、「土佐源氏」という不思議な話にまとめた。檮原の女性は、きっと開放的で魅力的なのかもしれないと期待した。

司馬遼太郎（1923〜1996）は高知から、坂本龍馬脱藩の途を辿って檮原に立ち寄り、檮原の街道沿いに数多く残る茶堂と呼ばれる茅葺きの小屋の機能に関して、新説を唱えた。旅人に無料でお茶を供することは、ただの親切なおもてなしではなく、お茶を一緒に飲みながら、檮原の人々は、山奥にいながらにして都市の貴重な情報を手に入れていたという説である。檮原の人達はそのようにして坂本龍馬のおもしろさに気付き、龍馬をもてなしたというのである。檮原を通る街道は、龍馬が土佐を脱藩し、松山へと向かった山道であった。檮原は様々なエピソードに溢れ、不思議な力を秘めた特別な場所であった。

檮原は想像していた以上の山奥であった。高知空港から4時間車にのって、最後のトンネルを出ると、まるで雲の上に出たように爽やかな気分になった。木造のゆすはら座は想像以上に素晴らしかった。細い木材を組み合わせた、繊細な構造システムで屋根は支えられ、椅子はひとつもなく、板張りの床の上に、座布団をしいて座るのである。思わず、僕の大倉山の家を思い出した。ボロさと木の匂いが、かっこよかった。

夜になって、当時の中越準一町長と小谷と、飲み始めた。小谷は僕のことを、ニューヨークから戻ったばかりの新進気鋭の建築家と持ち上げた。ゆすはら座のような素晴らしい建築を壊すなんて、ありえませんというと、町長もうなずいてくれた。中越町長は勘が鋭くて、劇場は保存と決まった。木造の劇場は檮原の町を象徴する建築となって、今でも人々から愛されている。

別れ際、「隈さんは公衆便所なんかも設計するの？」とたずねてきた。「公衆便所は得意です」と、僕は胸をはった。この一言がきっかけになって、僕と檮原の付き合いがはじまった。公衆便所と小さな町営レストランを設計させてもらい、町営ホテルも作った。それから30年間で、6つの建築を設計させてもらった。町長は4代かわったが、毎回新しい町長は、僕のことを大事にしてくれた。普通は町長がかわると、新しい建築家に頼みたくなる。僕と檮原町みたいな関係は、他では聞いたことがない。

檮原からは、いろいろなことを教わった。檮原のまわりには、腕のいい職人さん達が、まだ仕事をしていた。檮原は林業の町で、良質の杉がとれ、大工達の腕は抜群だった。

そういう人達と一緒に仕事をするのは楽しかったし、いろいろ教わることができた。大都会で、日本刀のような研ぎ澄まされた建築を作るのとは、全く別の楽しさが存在することを発見した。大地と一緒に、コミュニティのみんなと一緒に、もの作りを楽しむ

図30　著者設計の木橋ミュージアム（写真右は横から見たもの）

という実感があった。サハラで摑みかけたものを、どうやって実現したらいいかがやっと見え始めた。戦後システムとは全く別のやり方で、建築を作ることができそうに思えてきた。檮原で、僕は救われた（図30）。

違う時間を過ごす

若い建築家から、一言アドバイスを求められると、「仕事がないことを大事にするといいよ」と答えることにしている。大抵、みんなそれを聞いてポカンとする。建築家は、依頼がないと建築を建てられない職業なので、どうしても仕事をとりに走り回ってしまう。画家と建築家とは、そこが一番違う。そうやって走り始めると、日々の仕事に追われてしまって、こなすだけになる。自分の作っている建築にどんな意味があるか、社会が今どんな建築や都市を必要としているか、未来の人間がどんな建築、都市を必要としているかを考える時間がなくなってしまう。職人とじっくり話すという時間もなくなってしまう。ものを実際に作る彼らと話すことでこそ、建築にはリアリティが与えられ、生命が叩き込まれる。

86年にニューヨークからバブル真っ盛りの日本に帰ってきた時の僕も、そんな感じで、忙しかった。しかし、まったくありがたいことにバブルがはじけた。バブルという「祭り」が終わって、「祭りのあと」に投げ出されることになった。檮原の仕事をはじめる前のバブルの時代は、東京の仕事に追われていた。職人とじっくり話す機会はまるでなかった。東京の工事現場は、建設会社のエリート社員である現場所長が仕切っていて、原則として所長としか話をしてはいけないというルールがあった。彼を通り越して、僕が直接職人と話して様々なアイデアを交換すると、コストやスケジュールの点で面倒なことになるリスクがある。所長はその面倒を一番嫌う。話す相手は所長だけ、話題はコストとスケジュールだけというのが、都会の現場の決まりであった。「とってもいいデザインだと思いますが、何しろスケジュールがタイトなので、普通の収まり（ディテール）でやらしてください。コストオーバーで、スケジュールが遅れることも、絶対できませんから」というのが、すべての現場所長の口癖であった。

しかし、檮原では違う時間が流れていた。この町と、東京の現場とは、違う空気が流れていた。檮原に来て、谷に流れる霧を眺めていると、ゆったりしてしまって、東京に戻ろうなどという気分が消えてしまった。食べ物はおいしかった。米からして、味がまったく違った。匂い米という独特の香りのする米を混ぜて炊くので、白米が香ばしいのである。タイでこれと同じ香りの米を食べたことがあって、タイ人はそれをジャスミンライスと呼びならわしていた。

現場でも、「職人とは絶対直接話をしないでください！」などというギスギスした雰囲気はなく、色々な職人と自由に話ができたし、友人にもなった。昼間は、彼らが作業する脇で、彼らの手の動かし方を眺めながら、色々質問をぶつけて、そんなことも知らないのかと笑われた。大学では決して教われなかった、建築という行為の秘密の数々に直接触れることができた。彼らが作っている脇で、僕もいろいろ注文を出した。「そんなことできるわけねえだろ」と、一蹴されることもあったし、逆に「そんなの簡単だよ、かえって手間がかかんねえよ。本当にそれでいいのか」などと、笑って返されることもあった。現場所長というマネージャーが間に入ったら、絶対起こらないようなやり取りができた。設計図を描いている時には思いつかなかった、おもしろい仕上げやディテールを実現することができた。

たとえば、左官の職人はいろいろと無理を聞いてくれるオヤジで、どこまで土壁の中にワラを入れられるかということに、二人で挑戦した。僕は普通の土壁は表面がツルツルしすぎていて、欝原にはふさわしくないと感じた。土壁はヒビが入らないようにスサと総称されるワラや糸くずを混ぜるのが普通である。入れるスサの量を増やすと、普通の土壁とは違う素朴な表情が出ることがわかって、ギリギリまでスサを増やしてもらった。「こんなザラザラで本当にいいんか」「大丈夫、大丈夫」といった掛け合いをしながら、見たことのない壁ができあがった。

千利休がデザインした待庵《たいあん》（京都府大山崎町）という国宝の茶室があって——国宝の茶室は日本に3つしかない。あとのふたつは『蜜庵《みったん》』（京都市、大徳寺塔頭龍光院）と『如庵《じょあん》』（愛知県犬山市の有楽苑に移築）だ——その黒い壁に、普通以上の量のスサが塗り込んであって、その繊維だらけの壁が得も言われぬあたたかい質感で迫ってきた。東京の現場所長にスサを増やしてといっても、笑われるだけであった。それが山奥で職人と仲良くなって、意外なほど簡単に実現してしまった。

いろいろな職人と友人になったが、中でもユニークだったのが、オランダ人の紙漉《すき》職人、ロギールである。「変な外国人が、変な紙漉いてるんだけど、会いたかったら紹介するよ」と、役場の若い担当者にいわれた。なんでこんな山奥にオランダ人がいるのだろうかと、不審に思った。それに、高知の紙漉きといえば、仁淀《によど》川沿いが有名で、檮原と和紙という組み合わせも、意外だった。

狭い山道を登っていくと、古いボロボロの民家があって、そこでロギールが作業をしていた。捨てられた廃屋を見付けて住み込んだけれど、電気が来てないんだよという話だった。あんな真っ暗な中で、よく作業をしたり、暮らしたりできるものだと感心してしまった。

人物がおもしろいだけではなく、作っている紙もおもしろかった。コウゾの黒い樹皮が大量に漉き込んであって、ザラザラだし、ゴワゴワしているのである。コウゾ以外の栗や杉の木の皮を漉き込む実験もしていて、不思議なテクスチャや色合いの紙が、床にたくさん転がっていた。紙の値段を尋ねたら、「いくらにしていいかわかんないなあ」と答える。その一言で、ロギールと徹底的につきあってみることにした。山で拾ってきた木の枝やつるに和紙をはりつけたロギールの手作りのスタンドも、今まで僕が使ったこともないやわらかな曲線が出て、気に入った。檮原の山奥にぴったりだと思って、設計中の「雲の上のホテル」の全客室に置くことにした。

客室の壁は、ロギールの和紙を額縁に入れて飾ることを思いついた。普通はホテルの客室の壁には、版画とか写真を好んで飾る。しかし、山奥のホテルには、そんなこじゃれたアートはふさわしくない。あの不思議な和紙は、額縁に入れるにふさわしい迫力がある。

バブルがはじけたタイミングで、檮原に出会えたことは、僕のその後の人生に大きな意味を持った。きっと、山にいる神様が、僕を呼んでくれたのだと思う。

僕がニューヨークででくわした85年のプラザ合意をきっかけにして、20世紀をまわしていた産業資本主義から、金融資本主義へという大きな転換が起こった。金融資本主義とは、地面と切り離された経済学である。地面と切断されているがゆえに、値段は糸の切れた風船のように、限りなく高騰する。その高騰を人々は経済成長であり、繁栄であると錯覚する。そしてバブルの崩壊のように、突然に風船は破裂する。

檮原の人達は、そんなものと無関係に生き、生活している。彼らと寄り添い、その場所と併走することによって、建築は再び大地とつながることができるかもしれないという希望を手に入れた。檮原の職人達が、そのやり方を教えてくれた。バブルがはじけようと、どんな災害がやってこようと、そんなことはおかまいなしに、大地を耕して作物を作るように、黙々と、ゆっくりと、建築を作り続けていけばいいのである。

バブルがはじけた後の90年代の日本を、「失われた10年」と呼ぶことがある。実際その10年間、東京では、ひとつの設計の依頼も来なかった。それでも、90年代はとても懐かしいし、楽しかった。それは、檮原という場所と、檮原という方法と出会えたからである。

登米《とよま》の森の能舞台

次に出会った忘れられない場所は、宮城県の登米である。今は合併して、登米《とめ》市の、登米《とよま》となったが、その頃は、登米町《とよままち》と呼ばれていた。当時の中澤弘町長から、能舞台を設計してくれと頼まれたのが1995年である。伊達の殿様はことの外、能に熱心で、この登米にも、登米能と呼ばれる独特の能が伝わっていた。能を習い、演じる謡曲会の活動は続いていて、町長もメンバーの一人で、謡《うたい》の名人であった。しかし、専用の能舞台はなく、当時、中学校の校庭に仮設舞台を作って、年二回、能の上演を行っていた。専用の舞台を作りたいというのが町の悲願であった。なんとかローコストで舞台を設計してくれないかと、中澤町長から依頼された。

「総額2億円で作って欲しい」と言われて、「大丈夫でしょう」と安請け合いして、東京に戻った。いろいろな能舞台の実例を調べて驚いた。能舞台の建設費の相場は、予算の10倍の20億円だったのである。木造の舞台と、そこに役者が登場するための橋掛りといわれる通路部分だけで、2億円かかるのが標準であった（図31）。その主要部分を、天井の高い大きな建築（上屋という）で覆い、その中に観客席や、楽屋とかホワイエを設置していくと、大抵20億円くらいかかるというわけである。

それを2億で作るなんて、いったい何考えているんだろう、なんでそんな無茶な話、引き受けてしまったんだろうと悔やんだ。

しかし、小さな過疎の町で、20億を出すのが無理だというのもよくわかる。どうやったら、20億が2億になるのだろうか。

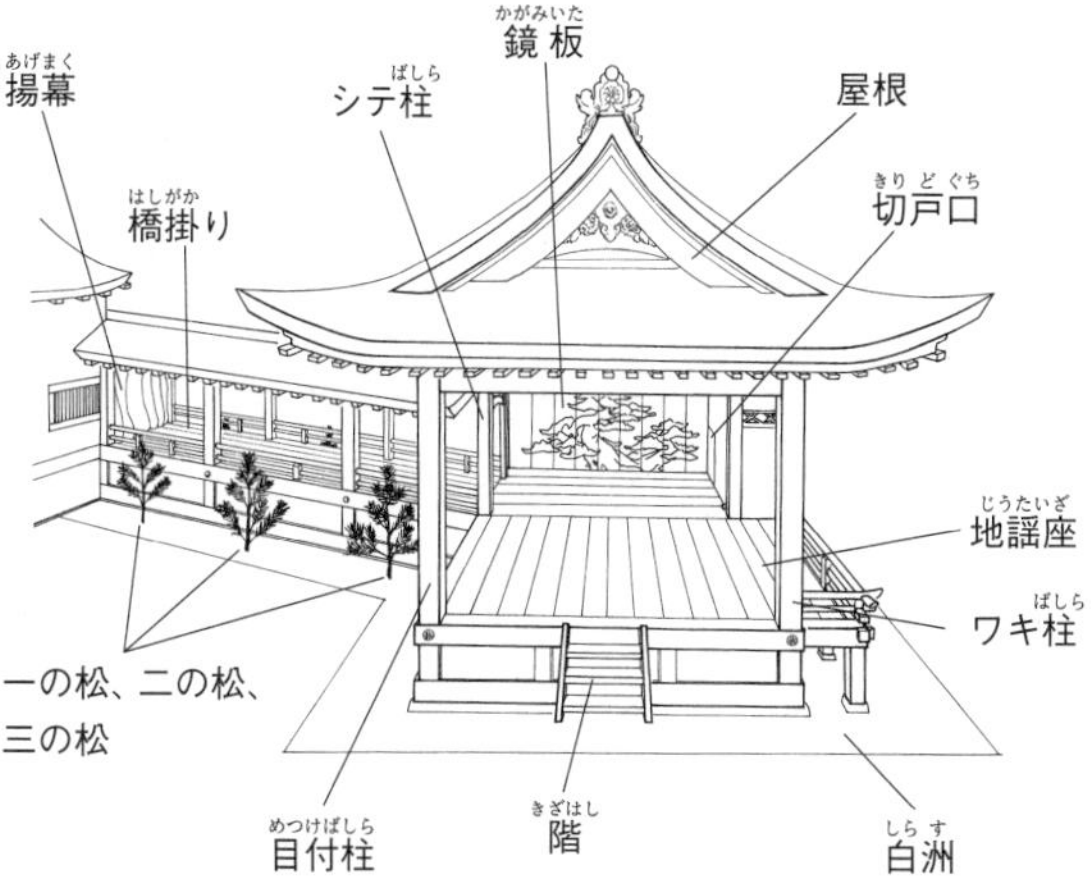

図31　通常の能舞台の装置（『まんがで楽しむ能・狂言』檜書店より）

まず思いついたのは、上屋をなくすことであった。上屋と呼ばれる大きな建築物の中に、舞台装置のように木造の能舞台を置き、その前に観客席を置くという能舞台のスタイルは、そもそも明治14年に東京、芝にできた芝能楽堂で能楽の復興のために始まった新しいスタイルだということがわかった。それまでの能舞台は、上屋がなくて、ただ白い砂の上に、舞台と橋掛りと楽屋（鏡の間）が置かれていただけの、スケスケの風通しのいいものだったのである。

これだと、夏は暑いし冬は寒いということで、明治時代に上屋がかけられることになって、その後に空調も入れられるようになったのである。室内化、アメリカ化という近代の流れで、能舞台も室内化されていった。

しかし、僕は野っ原に仮設の舞台を立てる薪能の方が、能の本来の姿ではないかと、ずっと感じていた。空調された室内空間の中でゆったりと能を見るという、国立能楽堂のスタイルは、どうもなじまなかったのである。

ならば一層のこと、明治以前の、野っ原の能に戻したらいいんじゃないかと、考えを転換してみた。

新しい試みにチャレンジする時、予算がないというのは逆に助けになる。予算がたっぷりあると、「何でこんなチャレンジする必要があるんだ」と、みんなが守りに入ってしまう。逆に予算が極端にないと、よしチャレンジしようという勇気が湧いてくる。案の定、上屋なしでスケスケの舞台を作るという僕らの案は、登米の人々にも、すんなりと受け入れられたのである。

しかし、それでもまだまだ予算は足りなかった。2億だと、舞台と橋掛りを作るのがやっとである。観客席もいるし、楽屋もいる。登米の能文化を展示するミュージアムも欲しいというのが、町の人達からあがってきた要望であった。

ただでさえ厳しいのに、「馬鹿いってんじゃないよ」と叫びたくもなったが、熱く燃えている人達に水を差したくはない。とりあえず、「考えてみます」とうなずいて、持ち帰ってくることにした。

まず思いついたのは、材料を徹底的に安くすることであった。舞台と橋掛りだけで2億円もかかるのは、無節（節が無い最上級の材料）の有名な産地の檜を使うからである。そういう材料を使うと、柱1本で1000万円にもなるので、柱や梁だけで1億円になってしまう。登米の人達が地元で継承してきた能を演ずる能舞台に、そんな上等な檜は似合わない。地元の森でとれる、節だらけの安い材料を使った方が、登米らしい能舞台になるはずだ。

あとは小さな工夫を重ねればいい。上演しない時は、楽屋をミュージアムとして使って一般に開放し、上演時には、そこを楽屋にすればいい。舞台の下には、音を反響させるためのカメを置くのが普通のやり方だが、これが意外に高くつく。当時、東大で音響工学を教えていた橘秀樹先生を訪ねたら、びっくりするような答えをもらった。「あのカメ、実はまったく音響的に意味がないんだよ。地面にカメを埋めて、口だけ開けたようにすれば反響に効くんだけれど、地面の上にカメを置く今のやり方は、音響的にまったく無意味なんだよね」。

図32　著者設計の森舞台／登米町伝統芸能伝承館（宮城県、登米市）

えっと絶句した。ならば、カメなんかいらないんじゃないか。世の中には、まだまだ色々な無駄があったのである。

しかし、竣工直前に町長が検査に来て、大騒ぎになった。「カメのない能舞台なんて、どこにあるんだ」と怒鳴られた。しかし、そういわれても、カメの予算はとっていない。町の若い担当者がいい案を出してくれた。「使ってないカメは、どの家にもある。町民に通知して、カメを供出してもらおう！」早速、張り紙をしたら、すぐにたくさんのカメが現場に持ち込まれた。普通は、舞台の下に数個のカメを置くのだが、何十個もカメが集まってしまった。折角の好意で集まったのだから、返すわけにもいかない。舞台と橋掛りの下に、何十個ものカメがぎっしりと並ぶことになった。

結果、カメを出し合って、みんなの気持ちがひとつになった。みんなで一緒に作ったという意識が生まれて、できあがった後の建築も、みんなから愛してもらえた。予算がないからこそ、みんながひとつになれる。登米ではそういうことを教えてもらった（図32）。

馬頭《ばとう》の杉でできた広重美術館

次に出会ったのは、栃木県の馬頭という町である。この町の近くに生まれた青木藤作さんという明治の実業家が、歌川広重のコレクターだった。阪神・淡路大震災で、青木さんのお孫さんが住んでいた神戸の蔵が壊れ、ガレキの中から、肉筆画94点を含む広重の作品群が見つかって大騒ぎになった。結局広重作品が馬頭町に寄付され、ミュージアムを作るという話になったのである。

依頼を受けて町を最初に訪れた時、山裾の敷地には、木造の古いタバコ倉庫が、半分朽ちながらたっていた。このあたりはタバコの産地であった。細長い不愛想な建物だったが、こんなさりげない建物が、この場所には一番ふさわしいように感じた。細い材木を組み合わせて作る、その単純で素朴な作り方が魅力的だった。材木の頼りないくらいの細さが、広重にはふさわしく感じられた。

広重を研究し始めると、彼の描く線が、徹底的に細いことを発見した。なかでも広重の代表作、「大はしあたけの夕立」に描かれた夕立の雨の線は、細くて美しかった（図33と34）。

タバコ倉庫の細い材木のイメージと、広重の雨の線とが重なって、細い木で作る美術館のイメージが浮かんできた。幸い馬頭町は、八溝《やみぞ》杉と呼ばれる質のいい杉の産地である。壁だけではなく、屋根まで全部、細い材木で作ろうと考えた。しかし、建築基準法によると、屋根は不燃材で作らなければならない。木の屋根をあきらめかけた。

そんな時、地元に近い宇都宮大学に、不燃木材の研究をしている、面白い先生がいるから、会ってみないかと紹介された。

先生というから、教授だろうと思って訪ねたらば、教授でも助教授でもなく、栃木県庁の林業部を定年で退官した後、大学に籍だけ置いて、こつこつと不燃木材の研究を続けている、風変わりな先生だった。

図33　著者が図34にイメージを得た、那珂川町馬頭広重美術館

図34　歌川広重、名所江戸百景「大はしあたけの夕立」

その安藤實先生の話が面白かった。自分は役人として、杉をたくさん植えてきたけれど、日本の杉を誰も使ってくれない。安い外国産材ばかり使われて、日本の森は荒れ放題で、自分はいったい何のためにあんなに苦労して杉を植え続けたんだろうと、自分のそれまでの人生に疑問を感じた。だから日本の杉を少しでも使ってもらえるような研究に、定年後の人生を、捧げることにしたというのである。

杉の不燃化は難しいといわれ続けてきた。杉の木が地中から水を吸い上げる導管には弁がたくさんあって、不燃のための薬剤が、弁にじゃまされて、杉の奥まで浸透しないからである。杉は日本の最も一般的な木材であるにもかかわらず、そのような特殊な内部構造を有していて、不燃化が難しかった。安藤先生は、杉を遠赤外線で焼くことで、その弁を壊す方法を発見した。弁がなくなることで薬剤を奥まで浸透させることが可能になり、杉の不燃化の途が開けたのである。

最高の木は裏山の木だ

安藤先生の動機は個人的なものだったが、ちょうどその頃、すなわち、世紀の変わり目から、世界中で、木材に熱いまなざしが向けられるようになった。

地球温暖化がきっかけとなった。地元の木材を使って建築を建て、それを長く大事に使っていくことが、地球温暖化の解決に有効であると、科学的に実証されたのである。

木材は光合成によって空気中の二酸化炭素をとりこみ、それを固定化する力がある。地球上に建てられる膨大な量の建築を木で作るようになると、空気中の二酸化炭素を減らすことができ、その量も半端ではないことが、地球規模のシミュレーションでわかってきたのである。

もちろん安易に伐採することは問題だし、木を燃やしたら、二酸化炭素は空気中に戻ってしまうが、木の建築を大事に長く使い、伐ったら必ず植えるという自然な循環を守り続ければ、温暖化防止に大きな効果がある。現存する世界最古の木造建築は7世紀に建てられた法隆寺である。木の建築を長持ちさせることは、決して難しいことではない。温暖化防止に一番有効なのは、60年程度のサイクルで、計画的に伐採し、植栽を行うことだと実証された。60年を超した森を放置しておくと、60歳以上の人間と同じで、次第に二酸化炭素を固定しなくなってしまう。

しかも、手入れもせずに森を放置すると、土は保水しなくなり、山から流れてくる水の質も悪化して、洪水の原因となったり、さらには海の豊かな生態系を崩してしまうということもわかってきた。

地球環境にとってもうひとつ大事なことは、なるべく地元の木を使うことであった。安いからといって、遠くロシア、カナダから木を持ってくると、輸送の船や車が、大量の二酸化炭素を放出し、せっかく木を使っても、元も子もないのである。

日本の大工はしばしば、「最高の木は裏山の木だ」といいならわしてきた。裏山の光の当たり方は、温度や湿度の変化も含めて、敷地と同じである。だから、できた後でも狂いが少ない。この格言は、地球温暖化防止という目的からみても、極めて理にかなっていた。

世紀の変わり目、2000年前後から、木の建築が、世界中から注目されはじめた。地球温暖化だけがこの動きを作ったのではない。ITが生活の隅々まで入り込んできて、人々の生活は大地から切り離される一方になり、われわれは大きなストレスを日々受けるようになった。そのストレスを癒す力が、木の建築には備わっていたのである。同じ頃、木の建築と、精神疾患の関連についての研究も活発化し、木の建築がいかに子供の心を癒す力を持ち、時として、子供の学習能力の向上にさえつながるという研究結果も発表された。

ヨーロッパでは、不燃化だけではなく、木を使った大型建築の研究も本格化した。繊維方向の違う木の合板を何枚も重ねて接着した、CLT（クロス・ラミネーテッド・ティンバー）と呼ばれる木の材料で壁や床を作ると、10階程度の中層建築を、木だけで作れることも実証された。内装に木を使うだけではなくて、構造から仕上げに至るまですべてが木でできている木のマンションが、ヨーロッパの石とレンガでできた硬質の街に、出現し始めたのである。

このようにして、日本でもヨーロッパでもアジアでも、木の建築が注目され始め、木の新しい時代が始まったのである。

奇々怪々建築を超えて

木へと向かう動きの中でも忘れることができないのは、中国の万里の長城のすぐ脇にデザインした、「竹屋」である。きっかけは、当時の北京大学で教えていた友人の建築家、張永和からの電話であった。張の友人の若いディベロッパーが、万里の長城の脇の土地を手に入れて、そこに全く新しいコンセプトの「村」を作りたいというのである。

中国で仕事をすることには、大きな不安があった。当時の中国は、すでに建築ラッシュが始まっていた。上海や北京では、奇をてらっただけのデザインの超高層ビルが次々と建設されていた。そういう建築は、周辺に対する配慮、気配りもなく、こんな目立てばいいだけの建築ばかりになってしまったら、中国はどんな国になってしまうのだろうかと不安になった。言い方を変えれば、僕が1985年のニューヨークでその始まりと遭遇した「金融資本主義建築」が、90年代の中国へと飛び火して、さらに加速がつき、とんでもないことになっているという印象があった。

その後国家主席になった習近平は、このような建築のことを「奇々怪々《チーチーグァイグァイ》」建築といって、厳しく批判した。オランダの建築家、レム・コールハース（1944〜）が設計した中国中央電視台本部ビル（CCTV、図35）は、その形状から「パンツ」というニックネームを付けられ、奇々怪々建築の代表作だと、批判された。意外に思われるかもしれないが、習近平は、地域の伝統をリスペクトした、環境に調和した建築を推進しているのである。その後、中国で僕が仕事をする時、しばしば建築審査会に出席して、有識者や学識研究者に対して、プロジェクトの説明を行うのだが、伝統との調和、地球環境への配慮に対する厳しさは、日本の比ではない。中国人は、伝統も温暖化も無視して環境を破壊し続けているという日本人の思い込みは、現状に反している。日本の制度や法律の方が、環境に対する配慮を欠いている。

　中国の街にも、心が癒されるような一角はたくさんある。北京では、胡同《フートン》と呼ばれる細い路地があり、そのまわりに、磚《セン》と呼ばれる黒レンガを積んで作った四合院が並んでいた。冬になると、その狭い路地を、羊の串焼きを売る屋台が、香ばしい臭いをまき散らしながらぐるぐると廻っていた。そういう昔ながらの中国に惹かれていたので、金融資本主義の生んだ奇々怪々建築は、本当に残念だった。

図35　習近平が批判した中国中央電視台本部ビル（中国、北京）

　張永和に、「それって、よくあるタイプの恥ずかしい感じの開発じゃないの？」と尋ねてみた。「それだったら声はかけない。アジアの心ある建築家だけに声をかけて、アジアは違う、アジアは深いということを見せたいんだ」。

張の口調は真剣だった。「いいよ。僕もそういうのがやりたかった。欧米のスター建築家の老後の年金稼ぎのために、変な建築を作られちゃ、たまんないからね（笑）」。

早速、張と若いディベロッパーの夫婦と敷地を訪れた。12月の寒い日で、気温は零下20度で凍りそうだった。北京から2時間近く走った、万里の長城の八達嶺《バーターリン》というサービスエリアを降りると、夢のような景色が広がっていたが、土地の傾斜はきつくて、こんなところに建物が建つのかと不安になった。ディベロッパー夫妻は、「建築だけ作るという開発はやりたくない。ここには建築だけでなく、新しいコミュニティを作りたい。だから名前は長城コミューンにする」と熱く語っていた。金融資本主義まっしぐらという感じの中国で、1871年、民衆が蜂起したパリコミューンみたいな古くさい名前を近づけるセンスがおもしろいと思った。

しかし、「こんな山奥に電気とか水道ってきてるの？」と質問したら、「わからない、これから考える」という返事が返ってきて、また不安になった。「半年後の5月のホリデーには、全部完成させて、お披露目をやるわよ」というので、さらに不安になった。

敷地に来たばっかりで、設計さえはじまっていないのである。半年後なんて、図面だって終わってはないだろう。全く非常識だと思ったけれど、中国ではよくある話である。こういう時、「できるわけないだろ」と怒鳴ってはいけない。相手は、半年後に完成したいという言い方で、自分の情熱を表明している。「わかった。大変だけど、僕もがんばってみる！」と、こちら側も、情熱を示せば、プロジェクトはちゃんとまわり始め、夢は形になっていくのである。

時間そのものが建築

寒い万里の長城から東京に戻ったら、さらにショッキングな連絡があった。設計料は、交通費も全部込み込みで、100万円でやってほしいというのである。いくらなんでも100万円はありえない。100万円では交通費にすらならないと答えると、「現場になんてもう来てもらう必要はないんです。イメージスケッチを1枚送ってもらったら、それに基づいて工事しますから」という答えだった。

スケッチだけを送るというやり方が、僕は一番嫌いである。欧米の有名建築家は、しばしばアジアでこういう仕事のやり方をする。スケッチを数枚送って、数千万円のお金をもらい、あとは現地の人に任せ、竣工式の時だけ出向いていって、にこにこしながらシャンペンを飲むという仕事のやり方である。金融資本主義の時代ならではの、効率的な仕事のこなし方なのかもしれない。

しかし、このやり方では、自分の心を建築にいれることができない。建築に生命を吹き込むことができない。昔の自分の作品をコピー&ペーストして、解像度を悪くしたみたいな、亡霊のような建築しかできない。

建築というものは、設計図を描く日々から工事が終わるまでの何年かを、そこに関わる人達と一緒に走り、作り、語りあったことの結果なのである。結果というよりは、そのプロセス、その何年間の時間そのものが、建築なのだといってもいい。その時間の充実がいい建築を作る。一緒の時間を走るのでなければ、そもそも建築なんて作る意味がない。僕は檮原でそういう作り方を学んで、そのやり方でひとつひとつ作ってきた。これからも、そうやって作り続けたいと考えている。

スケッチ1枚送るだけの仕事なんて、やらない方がいいと思った。しかも、100万円はあまりにきつい金額だった。受けるべきか、受けざるべきか、所員にも相談したら、全員そんなプロジェクトなんて、やるべきじゃないという。

　数日後、インドネシアから日本に建築を学びに来て、事務所のインターンをしていたブディ・ブラドノという若者が、１枚のメモを持って僕の机にやってきた。神戸から船にのって上海に渡り、北京の安い宿に住んで、万里の長城のプロジェクトを担当するというプランだった。ブディはＪＲパスを持っているので、神戸までただでいける。船だと1万円以下で上海まで渡れる。鉄道にのって北京に行き、１泊５００円のホテルに泊まる。１泊５００円だと、１か月で1万5千円。１年間北京に滞在しても、18万円にしかならない。１００万円の設計料をもらえれば、充分おつりがくるという計算であった。ブディの情熱に圧倒された。いつも下ネタと冗談で、みんなを笑わせてばかりいるブディのどこに、こんな情熱と緻密な計算力があったのだろうか。「それで人件費はどうするんだよ」という疑問はあったが、一人の人間がここまでやる気になっているんだから、引き受けない手はないと思った。「よし、ブディ、やろう！　北京、行け！」。

万里の長城の竹の家

材料は地元の中国の竹を使うことにした。ブディはインドネシアで竹を建築に使った経験があり、竹については、日本にないような知識とノウハウを持っていた。中国にニョキニョキ建てられている、ピカピカでペラペラの奇々怪々建築の対極の建築を作ろう！　とはいっても、そういう建築が中国で受けるかどうかは全くわからなかった。受けるかどうかということよりも、中国にそんなほっこりとできる場所があったらいいのにという僕の気持ち、中国への愛情を、形にするだけで充分だと思った。

実際の工事は大変だった。万里の長城の周辺は、高低差がきつい。こんなに険しく美しい地形があるのだから、造成してフラットにしてしまうのはもったいない。地形はそのままにして、むしろそれにあわせて建物の床に勾配をつけることにした。そうすれば、木を切り倒さなくてもいいし、緑を残すこともできる。

中国で竹で建築を作ることは、それほど難しくないとたかをくくっていた。その頃、中国の工事現場では、竹の足場が普通に使われていて、超高層ビルでも、竹で足場を組んでいたからである。中国の建設作業員達は、たとえ足場からすべり落ちたとしても、クッションになってくれるので、鉄の足場より竹の足場を好むと聞いていた。あの竹足場の技術で建築を作れば、安くて味のある建築が作れると考えていた。

しかし、甘かった。竹で柱から壁、すべてを作るという図面を作ったら、声をかけたすべての工務店から、「竹で建築なんかできるはずがない」と、断られたのである。「竹足場があるじゃん」といったら、あれはすぐ腐って燃やしちゃうもので、そもそも建築ではないというのである。

いくら図面ができても、作ってくれる人がいなかったら、建築は実現しない。

数年前、竹でできた小さな実験住宅を日本で作った。京都の安井工務店の安井清さんが、大の竹マニアで、工事を引き受けてくれた。竹は旧盆前に伐採すると一番長持ちすると安井さんから教わった。旧盆前は、竹が蓄えている糖度が一番低くなって、腐りにくくなるからだという。切ったらすぐに熱処理しろということも、安井さんから教わった。竹の中には、色々な微生物や虫が棲んでいて、それが竹を腐らせる。まず熱を加えて殺菌しなくてはいけない。そのプロセスを竹の油抜きという。熱湯に入れるだけでは温度が足りず、２８０度くらいの温度が一番適切で、ドラム缶に竹を入れて、下から熱を加えて焼くのが一番だと教わった。青い竹が熱で黄色に変わって、味も深まる。

僕はおかげで、いっぱしの竹の専門家になった。日本で作った竹の家の写真を見せて、「心配するな、竹のノウハウを教えるから、一緒に竹の家を作ろう」と話したら、一軒の工務店のオヤジが乗ってくれた。次の打ち合わせの時に、竹を油につけた、煮しめたようなサンプルをもってきた。色も変だったし、油につけて竹が強くなるなんて、聞いたことがなかった。

しかし、相手が少しでもその気になってポジティブな提案が出たら、その提案を否定してはいけない。それを僕の事務所のマネージメントの大原則にしている。せっかくのヤル気に、水をさしたらいけない。水をささなければ、最初は未熟な提案でも、どんどん成熟し、洗練されて、リアリティが上がってくる。最初の熱い気持ちをつぶさないことが、重要である。

「おもしろいね、やってみよう！」と僕が言うと、相手は白い歯を見せて、にっこり笑った。こうやって万里の長城の竹のプロジェクトが走り出した。

「半年でオープン」というのが最初の話であったが、実際は2年半かかって竹の家は完成した（図36）。中国のツルツルピカピカ建築とはあまりに違うので、喜んでもらえるかは、まったくわからなかった。しかし、「竹の家」は意外にも大評判になった。あの

図36　著者による「竹の家」（中国、北京郊外の万里の長城近く）

人間味あふれる胡同と四合院を生んだ中国人の感覚に、「竹の家」はささったのだろう。しばらくして、２００８年、北京オリンピックのプロデューサーを務めている世界的な映画監督、張《チャン》芸《イー》謀《モー》から連絡があって、オリンピックのCMのために、「竹の家」を撮りたいというのである。当時は日中関係が悪い時期で、中国に出張した時に日本語でしゃべっていて、罵声が浴びせられたこともあった。本当に日本人の作った建築をオリンピックに使っていいのかなあと思ったが、中国の田舎で育った張芸謀は、どうしても「竹の家」が撮りたいといってくれた。２００８年８月８日の北京オリンピックの開会式でも、「竹の家」の映像が大きく流されることになった。

「竹の家」はたくさんの中国人の目に焼き付いて、その後、中国から様々な依頼を受けた。「竹の家」みたいな、あたたかい建築を作ってくれと、頼まれた。

第4章　2020——東京オリンピック

産業資本主義と金融資本主義

　2008年の北京オリンピックが、中国にとって大きな転換点であったとしたら、2020年の東京オリンピックの主会場となる国立競技場のコンペは、資本主義の仕組み、社会の仕組みの大きな転換点に起こった、特別な事件だったかもしれない。そして僕自身にとっても、様々な因縁を感じる大きな出来事であった。新国立競技場の第一回の国際コンペで一位に選ばれたのは、イラク出身でロンドンに事務所を構える、ザハ・ハディッド（1950～2016）の案である。僕はザハに、国際コンペで何度も苦杯を喫してきた。

大きな国際コンペは、大抵の場合、二段階の審査がある。一次審査で数社が選ばれ、二次審査に進む。一次を通ることを、ショートリストされたといい、その通知がくると、ひとまず祝杯をあげる。

しかし、ザハと一緒にショートリストされると、ちょっと気が重かった。ザハはコンペでは圧倒的に強かったからである。ザハのデザインは、パース（完成予想図）映えがすごい。絵の描き方も上手なので、パースで見ると、彼女の作る形態は圧倒的にユニークで、その3次元の彫刻的形態は、一瞬で彼女の作品であるとわかった。どうやればコンペに勝てるか、コンペの審査員に強いアピールを与えることができるかを、彼女は直感的に理解していた。彼女と一緒にショートリストされたコンペ——北京（図37、ザハが北京で勝ち取った望京SOHO）、イスタンブール、サルディニア、台北——では彼女が全勝し、僕は全敗した。白いユニークな形態が、既存のくすんだ街並みの中から浮かび上がり、光輝く特別な物体（オブジェクト）が突如出現したように見える。審査員達は一目見ただけで、彼女の案に圧倒され、票を投じる。

僕は逆に、そのくすんだ街並みの方が大好きで、そこに僕の建築を溶け込ませようとする。『反オブジェクト』という本を2000年に出して、ザハに代表される方法を、

図37　ザハ・ハディド設計の望京 SOHO（中国、北京）

僕の方法と対比して論じてみたが、彼女のことはいつも強く意識していた。『反オブジェクト』の中で、ザハのような方法を、オブジェクト指向の方法と呼んでみた。環境から切り離された物体がオブジェクトで、一方、僕のやり方を、「反オブジェクト」と名づけた。大地の中に埋め込むようにして作った亀老山展望台や、森の中に消えてしまうようにしてデザインした森舞台という名の能舞台（1996）を「反オブジェクト」の代表的な試みとしてとりあげた。

ザハの方法は、形態の作り方においても、材料の使い方においても、僕の方法の対極にあると感じていた。しかし、彼女の軌跡は、僕の辿った軌跡と重なるところがひとつある。

ザハも僕も、アール・デコ建築に興味を持ったことである。1929年のニューヨーク株式市場のブラック・サーズデーに端を発して世界史の流れを変えた、あの世界大恐慌以前のイケイケの時代の建築をアール・デコ建築と呼ぶ。ザハも僕も、アール・デコ建築に特別に興味があった。

21世紀の建築界で、最も影響力を持つ建築家といってもいいレム・コールハースは、前衛建築家を数多く輩出していることで知られるロンドンの名門、AAスクールで、ザハと共に学んだ。レムとザハが中心となって1975年にOMA（Office for Metropolitan Architecture）という事務所を立ち上げ、ザハはすぐに独立し、自身の事務所を設立した。メトロポリタン・アーキテクチャーという事務所名は、大恐慌直前の過激なデザイン、すなわち通称アール・デコ建築に対するレムとザハの関心に由来している。レムは、1978年、その時代の建築群について論じた『デリリアス・ニューヨーク』（邦題は、『錯乱のニューヨーク』、ちくま学芸文庫）という著作を出版し、建築界の話題をさらった。レムはこの本で実質的にデビューした。ザハがあるインタビューで、もし島に一冊だけ持っていくとしたら、どの本を持っていくかと質問され、『デリリアス・ニューヨーク』と答えている。いかに二人の関係が強く、深い意味を持っていたかを彷彿とさせるエピソードである。

レムとザハは、大恐慌以前のデリリアス（錯乱）な建築を評価した最初の建築家であった。この一群の建築は、建築史の中では、クレージーな時代のクレージーな建築として扱われ、20世紀建築史の中の鬼っ子であった。20世紀建築の本流は、コルビュジエや、ミースらが中心となったモダニズム建築だったのである。そしてモダニズム建築とは、工業化社会の建築スタイルであり、制服であった。コルビュジエはコンクリート、ミースは鉄骨を主要な材料に選んだが、コンクリートと鉄こそ、工業化社会、産業資本主義の主役であった。

それ以前の建築の主役は、ヨーロッパにおいては石、レンガであり、共にそれぞれの場所で最も手に入れやすく、それゆえに古くから使われ続けてきた「地元の材料」であった。コルビュジエやミースは、その「地元の材料」を否定して、世界のどこでも手に入り、また効率的に、スピーディに大規模な建築を作ることのできる、コンクリートと鉄に着目した。コンクリートと鉄にふさわしい新しい建築表現を確立し、その後の20世紀建築の原型を作った。その新しい「本流」から見ると、大恐慌直前のニューヨークの「錯乱」の建築は、触れたくもない、歴史の徒花にしか見えなかったのである。

レムが70年代にその徒花に光をあてたのは、金融資本主義の到来を予測し、その新しい資本主義には、どんな建築がふさわしいかを彼が見通していたからである。彼は新しい建築をYESの建築と呼んだ。Yは中国人民元の記号¥、そして日本YENであり、Eはユーロ、そしてSはドルである。産業資本主義の時代の「まじめな建築」は終わり、金融資本主義が求めるイケイケで不真面目な建築が始まったと、レムは見抜いた。レムは同時に、大きなお金の流れにYES、YESと従っているだけの存在になり果てた建築業界全体への皮肉も込めた。レムはその意味において、20世紀の建築史の流れを整理し、その流れを変えたといってもいい。すなわち産業資本主義の建築から、金融資本主義の建築へと、レムがカジを切ったのである。『デリリアス・ニューヨーク』は、コルビュジエの代表作『建築をめざして』と並んで、近代建築史の中で最も重要なテキストと呼ぶべきだろう。『建築をめざして』は産業資本主義建築の聖書、『デリリアス・ニューヨーク』は金融資本主義建築の聖書である。

そのレムが発見した新しい時代の新しい建築を、最も見事な形で実践していたのが、レムの元のパートナーであるザハであった。彼女は1983年に行われた香港のヴィクトリア・ピークの山上に建設が予定されていた、高級メンバーシップクラブのコンペで、審査員の磯崎新の強い推薦で一等を獲り、建築界に華々しくデビューした。しかし、その案は実現しなかった。彼女はよく、「アンビルトの女王」などとも呼ばれたが、その後もコンペで圧倒的に強く、実作も増やしていった。金融資本主義の時代がどのようなデザインを求めているかを、ザハは直感的に理解し、その直感を形に翻訳する天才的能力を持っていたからである。アンビルトどころか、彼女のデザインは驚くべきスピードで建てられ続け、彼女の事務所の規模はどんどん拡大し、新国立競技場の一回目のコンペの時は、ロンドンの事務所だけで、数百人のスタッフを有していた。世界中で、彼女はひっぱりだこだったのである。ヘイダル・アリエフ・センター（アゼルバイジャン、2012）、や東大門デザインプラザ（韓国、2014）などが続いた。

新国立競技場第一回コンペ

新国立競技場のコンペに僕がエントリーしなかったのは、コンペの強いザハにはかなわないだろうと思ったわけではない。コンペの要項を読んでみて、奇妙なコンペだと感じたからである。

まず応募資格が、見たことがないほど厳しかった。王立イギリス建築家協会やアメリカ建築家協会のゴールドメダル受賞者、プリツカー賞の受賞者、あるいは1・5万人以上収容する規模のスタジアムの設計経験者しか応募できないと、規定している。要は、世界の数人の超大御所しか応募できないように要項を定めていた。世界中の大きなコンペで闘ってきた僕らから見ても、不思議な規定だった。大規模スポーツ施設の経験のある、大手設計事務所に頭を下げにいって、JV（ジョイントベンチャー）を組むという選択肢はあったが、そこまでする気持ちにはならなかった。この応募要項のいわんとする事は、「お前なんかお呼びじゃない！」である。無理してエントリーして、徹夜を重ねて頑張って案を提出したとしても、勝つ見込みはゼロだと直感した。

僕の予想通り、ザハが選ばれた。そしてすぐ、ザハの案は、外苑の森にはふさわしくなく、ひどい環境破壊であると、大先輩の建築家、槇文彦《まきふみひこ》さん達がいい始めた。槇さんは、建築界の最長老で、単独の建物の形態よりも、アーバンデザインとしての調和を重要視して、世界中の建築家からもリスペクトされている。代表作、代官山ヒルサイドテラスは、1967～1992年まで、30年近くかけてつくられ、環境と調和したヒューマンスケールの建築の代表といわれる。槇さんからザハの案に抗議したいのでサインしてくれと電話があり、賛同してサインをした。外苑は現在の僕の事務所に近く、毎日通勤で通っているだけではなく、学生のころからの大事な遊び場所でもあった。明治神宮が運営する外苑テニスクラブでは、毎週汗を流し、森の脇でビールを飲んで騒いでいた。１９５８年のアジア大会のために建設され、１９６４年のオリンピックの開会式も開かれたもとの国立競技場（１９５８）の下には、スポーツサウナという名の、利用料金のめちゃくちゃ安いスポーツジムがあった。日本のスポーツジムの草分けのひとつで、図面を徹夜で描いた後に、このジムに行って汗を流すと、また大学に戻って図面を描いた。そんな思い出がいっぱいつまった緑の森の中に、あのザハのピカピカの案はないだろうという気はしていた。とはいっても、ザハの案が本当につぶれることになるとは思わなかった。槇さんを中心として多くの建築家がザハの案を批判した。しかし、動き出した巨大プロジェクトにストップをかけるのはとても難しい。特に日本のサムライ社会では、そんなことは聞いたことがなかった。

第二回コンペ

だからザハの案がキャンセルされた時は、びっくりした。予定コストの何倍もの建設費になることが予測され、コストを落としようがないというのが最大の理由であった。やり直しのコンペが行われることがアナウンスされ、大成建設と梓設計が協同するチームから電話があって、一緒にエントリーしたいといわれた時は、さらにびっくりした。田舎好きで、『小さな建築』とか『自然な建築』とかいう本を書いている人間が、国立競技場という中心も中心のプロジェクトにエントリーして、はたしていいのだろうか。しかし、時代が変わったのかもしれない。新しい時代の国立競技場を、コンクリートには託せないということかもしれない。

土間と床の長岡市役所の体験

大成建設に理由を聞くと、長岡市役所を一緒にやって、地域の人に喜ばれる、おもしろいものを一緒に作れたので、もう一回一緒にやろうという話になったようである。

図38　著者が手がけた長岡市役所　アオーレ長岡本庁舎

長岡市役所（２０１２、図38）は、僕にとってもも想い出の深い、忘れられないプロジェクトである。市民が集まるための「中土間《なかどま》」を持った「木の市役所」を提案して、僕らはコンペに当選した。市民広場を持った市役所というのはたくさんあるが、広場ではなく、土間を作りたいと思った。広場というと、石畳の固くて、冷たい地面を想像してしまう。長岡のような日本の田舎に作るのなら、ヨーロッパ風の洒落た広場ではなく、もっと土臭くて暖かくて柔らかな「土間」がふさわしいと思った。

日本の民家の主役は土間であった。畳を敷いた座敷は、葬式や結婚式のような特別な日のための場所である。日々の生活は土間という、外部とも内部ともつかない、土を固めただけのあけっぴろげな場所で繰り広げられる。昼間はそこで農作業が行われ、暗くなると、そこはみんなで食事をする場所となり、酒を飲む場所となる。土間はまわりの庭とつながった空間で、玄関もなく、誰でも、いつでも気楽に入ってくることができる。長岡の市役所の主役も、庁舎と呼ばれる事務スペースではなく、ざっくばらんで暖かい、市民のための土間でなければならないと僕らは考えた。

土を固めた三和土《たたき》と呼ばれる材料で中土間を作り、地元の越後杉や、近くの小国和紙、近所の農家が作っている栃尾紬《つむぎ》も使った。市役所から15キロ圏内で伐れる杉を使うというルールも作って「裏山の木が一番」という大工の格言も守った。和紙は雪の中に埋める「雪さらし」という技法を使って、雪のように白い質感を手に入れた。地元の職人達の手で、地元の材料を使って作った市役所は、普通の「お役所」とは全く違うものになった。

その結果、その中土間を、人口30万人足らずの長岡で、毎年100万人以上の人が訪れる。子供からお年寄りまで、みんなが集まった。子供達は家にいるよりも中土間で遊んでいる方が好きで、そこで宿題をし、本を読み、友達とおしゃべりをする。退屈すると、市役所の一部であるアリーナで、卓球をして遊ぶ。お年寄りは、友達と会うために病院にいくというのは、世界中でかわされている冗談だが、長岡では市役所が病院のかわりになって、お年寄りの集会場になった。公共建築の使い方が変わり、イメージが変わり、材料が変わった。こんな雰囲気の、新国立競技場が作れたらいいんじゃないかと、僕に声がかかったのである。

今までの公共建築の既成概念にとらわれないと決心すると、いろいろな面白いアイデアが浮かんできた。これまでのスタジアムとは違うものの姿が頭に浮かんできた。

まず考えたのは、木で国立競技場を作るということであった。１９６４年の第一回東京オリンピックのために丹下健三が設計した、代々木競技場が建築史に残る大傑作であることは間違いがない。しかしそれは同時にコンクリートと鉄でできた巨大彫刻であった。１９６４年の日本は、工業化と高度成長のピークにあり、産業資本主義のシステムで、驀進《ばくしん》していた。時代を読む天才丹下健三は、その時代の精神を、コンクリートと鉄を使って、見事に翻訳したのである。その右肩上がりの時代を象徴するモニュメントが、１９６４年のオリンピックの顔となり、世界の建築界をあっといわせ、日本は一気に、世界の建築界からリスペクトされる国になった。

木のスタジアム

しかし、2020年なんだから、今さらコンクリートと鉄でもないだろう。この時代を象徴する素材を捜すとしたら、木しかないだろうと思った。

木との最初の出会いは、自分が生まれ育った大倉山の小さな家である。当時は、木造の平屋の隙間だらけのボロい家が恥ずかしくてしようがなかった。高度成長と工業化の流れの中で、あのくすんだボロ屋は取り残されたようで、恥ずかしかった。

しかし、新しい国立競技場が、産業資本主義、金融資本主義の後の時代の象徴となるのならば、あの小さなボロ屋にこそ、いろいろ教わらなければならないと思った。

檮原、登米、長岡と続けてきた地元の職人との共同制作の経験も、新国立競技場の設計に、生かしたいと思った。だから二回目のコンペで僕らの案が選ばれて、突然、「和の巨匠」とか、「和の大家」と呼ばれたことに、違和感があった。新国立競技場は少しも和風建築ではないし、僕は和風建築に特別な興味があるわけではない。僕の生まれたボロ屋は、少しも和風建築といった洒落たものではなかった。ただ僕は、世界の色々なところで、地元の人達と、そこの材料を使って、産業資本主義でも金融資本主義でもない、その後の新しい時代の建築を作ろうとしているだけなのだから。

それはすなわち、レムとザハの後を考えるということである。金融資本主義という怪物は、「錯乱した建築」を必要とするというのが、レムの基本的な思想である。産業資本主義の時代の、効率と、機能性だけを追究している「まじめな」モダニズム建築はもはやお呼びでないとレムは考え、モダニズムの倫理や美学に囚われている「まじめな」建築家を嘲笑した。金融資本は、クレージーな差異に対して驚くべき速さで反応し、そこに向かって巨大な金が動く。その結果、クレージーなデザインに対し、非常識に高い値段がつけられる。そのような博打的経済が「錯乱した建築」を必要としていることを、レムはいち早く見抜いた。このことが書かれた本の出版はプラザ合意前の1978年であったが、その後の建築界の動きを、レムはすべて予言し、見通していた。

金融資本主義の後の建築

レムは確かに、産業資本主義を支えたモダニズム建築を見事に否定し去った。しかし、『デリリアス・ニューヨーク』の出版から7年後の1985年にニューヨークに住み始めた僕は、少し違うニュアンスで、ニューヨークを眺めていた。『デリリアス・ニューヨーク』が出た1978年は、金融資本主義の前夜であり、金融資本主義こそ、きたるべき未来であった。僕がニューヨークに着いた1985年、金融資本主義はすでに、わくわくさせる未来ではなく、現実そのものであり、予想のつかない不気味で危なっかしい現在であった。その年にプラザ合意は交わされたが、ニューヨークのバブルはいつ崩壊してもおかしくないと、皆が感じていた。

当時のニューヨークの建築界では、ポストモダニズムの派手なスカイスクレーパー（超高層建築）が次々と建って、活況を呈していたが（たとえば、1984年のフィリップ・ジョンソンによるAT&Tビル）、建築仲間のあいだでは、「いつあのブラック・サーズデーが来るんだろうね」という話題で持ち切りだった。1929年10月24日（木曜日）、ニューヨークを襲ったあの大暴落がいつ起きてもおかしくないと、皆が感じたのである。

レムが、バブルという祭りの前の、少しワクワクした気分の中で『デリリアス・ニューヨーク』を書き、僕は祭りの中で、すでにその後の自分の未来を考えながら、ニューヨークの日々を過ごした。そして事実、1987年10月19日のブラック・マンデーが起こった。株価下落は、ブラック・サーズデーの暴落、12・8％をはるかに上回る22・6

%であった。

さらにその後1991年に、日本のバブル崩壊が続くのである。僕は資本主義の変質の渦中のニューヨークにいて、不安の中に暮らしていた。暴落は、間違いなくやってくる。大暴落と不況が不安である以上に、その先のことが気になった。その先に、どんな未来が来るべきだろうか。どんな関係が、人間と建築の間に生まれるべきだろうか。

自分がサハラで見つけた何か漠然としたものと、この目の前の現実とを、どう折り合いをつけていいかわからずにニューヨークにやって来た。しかし、ニューヨークの空気は、逆に不安を増幅するばかりであった。ハーレムのすぐ隣の西115丁目にキャンパスを持つコロンビア大学に、客員研究員という立場で籍をおかせてもらったが、無給であると同時に、何の義務もない自由の身なので、アメリカをぐるぐる回りながら、夜になると、不安をぶつけるようにして、原稿を書いた。

この時に書いた原稿は、『10宅論』『グッドバイ・ポストモダン』(1989、鹿島出版会)というタイトルで出版され、先述した『10宅論』は、僕のはじめての著作となった。しかし今読み返してみると、資本主義の仕組みが変わり、時代が大きく転換する中で、得体のしれない漠然とした不安と不満を書き散らしただけの、投げやりな感じであった。

『グッドバイ・ポストモダン』は、当時のバブルの中で派手な活躍をするアメリカのスター建築家のインタビュー集である。このバブルはもう終わるのに、みんなどういうつもりで、変な超高層を建て続けているんだという皮肉っぽい調子で一貫している。「グッドバイ・ポストモダン」は表向きのタイトルではあるが、実は「グッドバイ・バブル」であり、「グッドバイ・資本主義——産業資本主義も金融資本主義もひっくるめて」が、本音であった。

金融資本主義は「錯乱」のデザインを投機対象の高額商品にすることで、時代遅れになりかけた建築というエンジンに、怪しげなターボをつけて、延命を図った。そのターボのおかげで、依然として、建築の私有がエンジンとなって、世界はなんとか廻っているように感じられたのである。そしてコーポラティブハウスを一緒に作って、一緒に失敗した仲間も、私有というエンジンの犠牲者だったということもできる。産業資本主義も金融資本主義も「私有」もすべて否定した後に、いったいどんな未来がありうるのだろうか。

低い競技場

しかし実のところ、僕は少しも悲観してはいなかった。この時代にふさわしい、人間の幸せというものが見え始めていた。その新しい幸せは、１９６４年のツルツルしてピカピカした幸せより、もっと深い幸せであるかもしれない。新しい形の幸せを暗示するような、スタジアムを作りたい。そんな想いを込めて図面をひいた。

そのスタジアムはまず低くなければいけないと考えた。人口が急増し、経済が毎年ぐいぐいと成長していた１９６４年には、高いことが価値であった。丹下健三は、そんな時代の欲望を見事に察知して、代々木の丘の上に、高く芸術的な2本のタワーを建てて、そこから、屋根を吊り下げた。時代が高さを求めていて、低いことはダサいことであり、遅れていることであった。

しかし、２０２０年には、高いことは恥ずかしいことである。第一回のコンペで選ばれたザハの案は、最高で高さが75メートルであった。あの外苑の森の中に、75メートルの建築が突出することに、誰もが違和感を覚えた。僕らのチームは、まず高さを50メートル以下にすることを目標に定めた。１９５８年に建設された旧国立競技場でも、照明塔の最高部は60メートルの高さがあった。キャパシティは5万人から8万人に増えているにもかかわらず、高さを落とすというのは並大抵ではない。まず地面を掘って、フィールドのレベルを可能な限り低くした。観客席も、フィールドと可能な限り近づけることによって、高さを抑え、逆に臨場感を高めて、アスリートと観客の一体感を強めようとした。屋根を支える大梁《はり》の高さも、徹底して低くする方法を考え出した。その結果、外苑西通りからの高さは、47・4メートルにまで抑えられた（図39）。

2020年はコストの時代であり、節約の時代であるということにも気がついた。80年代のバブル経済が崩壊して以降、建築に対する風当たりは強まる一方であった。公共建築は、税金泥棒であり、建築という存在そのものが、環境の破壊者であり、国の財政システムを破壊する、社会的犯罪者であるという声がわきおこった。建築家はそのシステムを代表する犯罪者であると、しばしば糾弾された。小泉政権は公共事業を半減することを政策の柱として国民の支持を集め、保守党政権と建設業界がもたれあってきた戦後の日本システムに、終止符が打たれた。

オリンピックという国家的イベントのための国立競技場だからといって、特別な予算がつくという時代ではもはやない。逆に国立だから、余計に社会に過敏になり、無駄遣

図39　新しい国立競技場を望む（河出書房新社の屋上より）

いは許されない。田中角栄が一声で代々木競技場の予算を追加した1964年とは、訳が違うのである。ザハは、日本に流れるそのような時代の空気を読み誤ったともいえる。逆に、僕らのチームは、節約設計を徹底した。建物を低くすることは、節約に通じる。外苑の森も、喜んでくれるだろうと考えた。

米軍が敵視した歌舞伎座

もうひとつの大きな目標は、木を可能な限り多く使うことである。ザハの案は、その75メートルという高さ、複雑な曲面を多用したコストのかかりそうな形態以上に、白く無機的な宇宙船のような質感が、人々に違和感を与えた。なぜ、あの外苑の森の中に、巨大な白い宇宙船が舞い降りなければならないのだろうか。

その時思い出したのが、第二次大戦の米軍の爆撃で焼失した明治神宮の再建時のエピソードであった。

アメリカ軍の空襲は、東京を全面的に破壊しようとしたものではなく、意図的に、いくつかの重要なターゲットを殲滅《せんめつ》させようという、極めて選択的で計画的なものであった。歌舞伎座は、日本人の封建的な精神性を助長する「悪の殿堂」であるとして、空襲のターゲットとされた。1945年、3月10日の東京大空襲の被害をまぬかれた歌舞伎座を殲滅させるために、5月25日に歌舞伎座をターゲットとした空爆が実行された。岡田信一郎（1883〜1932）が関東大震災の後に設計した、美しい第三代歌舞伎座（1924）は、晴海通りに面した壁1枚を残して、米軍の空爆で破壊された。

戦後も、在日米軍は歌舞伎を敵視して、興行を禁止して、この伝統的文化を消し去ろうと試みた。空襲で破壊された第三代歌舞伎座が、戦後の厳しい経済環境の中、わずか5年という驚異的に短い時間で、岡田信一郎の弟子の建築家、吉田五十八のデザインで再建された（第四代歌舞伎座）のは、なんとか歌舞伎を存続させたいという、歌舞伎界、歌舞伎ファンの危機感があったからである。

戦後の資材不足の中で、無理を重ねて建設されたその第四代が耐震補強もできないほどに老朽化して、再建が必要となった時、僕は第五代歌舞伎座の設計を依頼された。その過程で、米軍と歌舞伎座の関係を知ることになった。歌舞伎という伝統文化を撲滅しようというアメリカの動きは、マッカーサーの副将、ボナー・フェラーズ准将の通訳を務めたフォービアン・バワーズの力で大きく転換し、日本はこの文化的な財産を失わずにすんだ。

木で再建された明治神宮

明治神宮も、歌舞伎座と同じように、米軍から敵視された。米軍はこの神社と森を、第二次大戦へと至る日本の軍国主義の精神的な支柱のひとつと考えた。1945年4月14日、明治神宮をターゲットとした空爆が実行され、神宮を焼き尽くすためだけに、1350発もの焼夷弾が投下された。

米軍の予想に反して、神宮の森は燃えなかった。ドイツで林業を学んだ本多静六（1

866〜1952）が立案し、日本全国からのボランティアの献身的努力によって、畑、沼地、草原からなる代々木の野っ原の上に作られたこの深い森は、30年にも満たない年月で、焼夷弾の雨を寄せ付けない、成熟した強い森となっていたのである。本多静六は、どのような樹種を、どのように配置すれば最も早く成熟した森が作れるかを科学的に研究し、全国の様々な木が代々木に運び込まれ、植えられたものであった。

しかし、本殿、拝殿など、木造の建築群は米軍の空爆で全焼した。それをどう再建するかを議論するために委員会が組織され、委員長は東京大学本郷キャンパスの設計者で、東京大学の総長も務めた内田祥三《よしかず》（1885〜1972）が任命された。

二度と破壊されることのない神宮を作るのならば、コンクリートで再建すべきだという意見が当初は大勢を占めた。しかし、最も若い委員であった岸田日出刀（1899〜1966）だけが異を唱えた。明治神宮がコンクリートになってしまったら、われわれ日本はどこに向かっていってしまうのだろうかと、岸田はコンクリートによる再建に、一人で異を唱えたのである。

日本建築史の専門家をはじめとする他の委員は一様に驚いた。岸田は、若いだけではなく、ヨーロッパ建築の新しい流れに関心の高い、新進気鋭の建築デザイナーであった。

図40　岸田日出刀による東京大学安田講堂（本郷）

関東大震災で大きな被害を受けた東京大学の本郷キャンパスの復興においては、リーダーの内田祥三教授のもとで、安田講堂を担当し、ヨーロッパの最先端デザインであったドイツ分離派（ゼツェッション）流のデザイン（図40）で、人々をあっといわせたのである。

岸田の一言で流れが変わった。木造で再建された明治神宮は、戦後の日本人の、大きな心の支えとなった。

木で作られた神社のある明治神宮の、その外苑に建つ競技場を、今こそ木で建てるべきではないかと、僕らのチームは考えた。ザハの案が、あれほどの違和感を人々に与えたのは、あの建築の形態の特殊さ以上に、冷たく、無機的な質感にあったことは間違いがない。

木をたくさん使うというのは、先述したように、地球環境という観点から見ても、重要な選択であった。

しかし、この領域において、日本は出遅れた。木は古く悪しき時代の象徴であり、新しい時代の都市は、コンクリートと鉄によって作られるべきだという価値観が、戦後の日本を支配していたからである。伊勢湾台風で木造の家屋が大きな被害を受けた直後の1959年、建築設計界のみならず、建設業界にも大きな影響を有する日本建築学会が、全会一致で「木造禁止」を決議した。日本は「世界最古の木造建築の法隆寺」を有する、木造文化の先進国であったにもかかわらず、「木造コンプレックス」「木のトラウマ」から抜け出すことができずに木の復活に乗り遅れてしまったのである。海外で木の建築をデザインすると、大工のレベルの低さに唖然とすることがよくある。日本は、あれだけの技の大工がいまでも健在なのに、この新しい木の流れに遅れをとっているのは、悔しくて仕方がなかった。

新国立競技場は、その停滞した状況を打ち破る、起死回生の木の建築にすべきだという使命感が、僕らのチームを突き動かしていた。

しかし、実際に設計作業をはじめてみると、これだけの規模の大きな建築に木を使うということが、それほど簡単ではないということも、わかってきた。建築基準法をはじめとする日本の法律は、基本的に、木は過去のものだという考えに基づき、コンクリートで新しい都市を作ろうという戦後の世界観を反映していたからである。様々な妥協をし、様々なものを飲み込む必要があった。

内田先生の教えと日本建築の庶民性

その時に励みを与えてくれたのが、大学時代の恩師である、内田祥哉《よしちか》先生（1925〜）から教わった様々なアイデアであった。

内田先生の父親、内田祥三は建築界の大ボスでありながら、極めて庶民的な人物であり、また庶民的な思想の持主であった。深川の材木商の家に生まれたが、家が破産し、横浜の商家に引き取られた。商家の父は、こんなに頭のいい子は、うちの丁稚《でっち》ではもったいないと、学問をつけさせて、東大に学ばせた。その時の苦労と努力とが、祥三の建築のベースにあった。

今残る東大の本郷キャンパスの建物はほとんどが祥三の手による。僕が最も好きなのは、本郷の建築の外壁に用いられている、スクラッチタイルと呼ばれる、引っ掻いたような縦縞を施した褐色のタイルである。

震災で大被害を受けたキャンパスを早急に復興する必要があった。しかし、タイルの工場も同じ被害を受けていたので、ひとつの工場だけで、すべてのタイルを賄うことはできず、多くの小さな工場に発注して、かき集めなければならなかった。当然、各地の小さな工場が作るタイルの色はバラバラで、コントロールのしようがない。その時、祥三は、スクラッチタイルを思いついた。全てのタイルの表面に同じスクラッチ（縦溝）を付ければ、スクラッチが生み出す独特のやわらかい質感、グレーの陰影によって、ひとつひとつの色はバラバラでも、全体としては、ゆるやかな統一感が生まれるはずだという直感であった。色のバラツキを許容すれば、今までは不良品として廃棄されていたタイルを使うこともできたので、さらにコストを抑えることにもなった。現在の東大のキャンパスの暖かくゆらぎのある統一感は、厳しい条件と限られたコストの中で、それを逆手にとろうという、祥三独特の庶民感覚、ねばり強さのなせる業である。

日本建築界と西欧の建築界の最大の差は、庶民性にあると僕は考えている。西欧社会において、建築家（architect）というのは基本的には貴族や上流階級の職業であった。

そもそも建築（architecture）というものが普通の建物（building）とは違う、特別な存在であると認識されていた。architectureは、選ばれた人達がデザインする、特別な場所に建つ、特別に美しい存在であると考えられていたのである。

その特別に美しいものを実現するarchitectには、特別な教育がほどこされた。フランスのボザール（beaux-arts）と呼ばれる国立高等美術学校は、芸術のためのエリート教育機関の典型であった。少数のエリートのための特別な学校を卒業したものだけが、建築士の資格を獲得し、建築という特別な存在を設計することを許されていた。建築はそれだけ、社会や都市に対して大きな影響力を持つという了解を、社会が共有していたのである。

一方、日本では伝統的に、建築家という特権的な存在は必要とされなかった。建築家がデザインし、職人が工事をするという西欧的な分割はなかった。大工がデザインも工事も取り仕切っていたのである。より正確にいえば、建て主（クライアント、施主）と大工の距離も近く、両者が一体となって、建物（建築ではなく）を作り上げ、使い続けていくというのが、日本における一般的な建物の作り方だったのである。

西欧においては、施主、デザイン、施工（工事）がはっきりと分割されていたが、日本においては三者の分割は明確ではなく、三者はひとつの運命共同体だった。さらに、施工とその後の運営、すなわちオペレーションも、西欧でははっきりと分割されていたが、日本では工事中、工事後というふたつの時間の差は曖昧で、時間は連続的に流れ続けていたのである。建物が完成した後でも、始終模様替えが行われ、大工はいつも家に出入りしていた。このエンドレスなリノベーションシステムを可能にしていたのが、西欧のフレキシビリティの低い、石やレンガで厚い壁を作る組積造システムとは対照的な、フレキシビリティが異様なほどに高い、日本の木造の建築システムだったのである。

木造をプラットフォームとして、長い時間をかけて磨き上げられてきたこの日本の建築システムを、明治という時代は、前近代的な遺物として、否定し、忘れようとした。西欧から「建築家／アーキテクト」が招かれ、建物ではなく「建築／アーキテクチュア」の設計が依頼され、ボザール流のエリート主義的な「建築家教育」が彼らにゆだねられたのである。

その近代化のプロセス、「建築化」のプロセスのひとつの到達点が、1964年東京オリンピックの代々木競技場であった。開会式が行われた旧国立競技場は、建設省営繕部によって設計されたものであった。当時の役人達は、代々木競技場も、役人の手で設計すべきであると考えていたが、代々木競技場が最終的には「建築家」の手で、「建築家」の名前で設計されたことの背景には、西欧的な「建築家」を導入しようとする、丹下の師、岸田日出刀の強い意向が働いたといわれている。丹下は「建築家」のチャンピオンであり、代々木競技場は、「建築家」が設計したものにふさわしい強烈な個性を持って、東京の空に屹立したのである。

一方、そのような形での西欧的な近代化とは別の途を追究していた人達もいた。僕の師、内田祥哉先生も、その父、内田祥三先生も、「普通の人」であった。丹下が戦後民主主義の星として、圧倒的な輝きを発している脇で、祥哉先生は別の可能性を探していた。特権的なエリートとして輝く、丹下的な「建築家」ではなく、職人と共に歩み、利用者と共に歩み続ける建築家は、大工の現代版と呼んでもいいだろう。祥哉先生は、大工のような建築家のあり方を模索していた。僕は、丹下の造型力に驚嘆しながらも、そのもうひとつの流れに深い共感を覚えていたのである。産業資本主義、金融資本主義の後にくる、「里山資本主義」は、「建築家」ではなく、「大工」が担っていかなければならないと、僕は考えた。「建築家」の設計した1964年の代々木競技場を超えるものは、「大工」の哲学によって作られなければならないと考えたのである。

内田祥哉先生も、「大工の感覚」、庶民感覚を建築に取り戻そうとしていた。戦後の住宅不足を解消し、庶民にも手の届く住宅を提供することを目的として、祥哉先生の研究ははじまった。安価で早く建築を作る方法を探って、祥哉先生はプレハブ工法を研究した。祥哉先生とその弟子たちのアイデアが元になって、日本にプレハブ産業が興り、戦後日本の庶民は安く、手軽に住宅を手に入れることになった。

祥哉先生はさらにその研究を発展させ、日本が長い時間をかけて築き上げてきた木造住宅の構法（在来木造と呼ばれてきた）が、最新のプレハブ建築にもひけをとらない、柔軟で合理的なシステムであったことを発見した。在来木造こそが、様々なノイズを許容する柔軟かつオープンなシステムであったことを、祥哉先生は解き明かしたのである。

祥哉先生は原理主義的な発想の危険性を、しばしば口にした。木造がすばらしいという人々はしばしば木造原理主義に陥る。木造でやるんだったら、木で作ることを徹底しなければならないというのが、木造原理主義である。鉄骨で補強したり、土壁で耐震化したりという発想は、不純な考えであるとして、木造原理主義者から否定される。木造原理主義を徹底すると、お金をふんだんに使える超高級の数寄屋建築でしか、木を使うことができなくなってしまう。木造原理主義者は、倫理的であるように見えて、裏は木を使うなといっているのに等しいと、祥哉先生が教えてくれた。僕は祥哉先生のおかげで原理主義に陥らずに済み、祥哉先生の柔軟さを学ぶことで、新国立競技場で、木を沢山使うことができたともいえる。鉄骨を主構造として、それを木が補強し、木が覆うという考え方をとることによって、それだけの収容人数を持つ大建築の中にも、木をふんだんに用いることが可能になった。そして、そこに使われる木は、当然日本各地の森林から伐った木であった。日本の木を使うことで、大気中の二酸化炭素濃度を下げることが可能になり、また、外国産材に押されて荒れ放題であった日本の森林の手入れをするようになれば、森を、健康な状態へと戻すことにつながるのである。

小径木《しょうけいぼく》の日本の木造

祥哉先生は、日本の在来木造の庶民性、柔軟性、システムとしてのオープン性を徹底して追究し、そのシステムの背後にあるのが、小径木と呼ばれる細い木材であることを見抜いた。森を大事に手入れすることで、森から間引いた材、すなわち間伐材が供給される。その細くて安い間伐材を使って、地震にも耐える強い建築構造を作りあげる実験を、何千年にもわたって日本は繰り返してきた。細い木材を単位とする、森林の健康な循環システムを、長い時間をかけて、磨き上げてきたわけである。この循環システムがあったからこそ、日本は森の木を伐りつくさずに、伐って植えることを繰り返し、世界でも異例なほどに高い（約70パーセント）、国土の中の森林率を保ってこれた。

同時にまた、細い断面寸法の木材を基本ユニットとする日本の在来木造は、世界の建築の奇跡といわれるほどの、高度なフレキシブルシステムを達成していた。まず10センチ角程度、長さ3メートル前後という、ほぼ同一寸法の木材だけを使って、すべての建築を作ることができた。この寸法は、運搬も加工も、施工も、最も容易な寸法であった。同一寸法材を使うことで、竣工した後の様々なリノベーションも容易であった。傷んだ材料の取り換えも簡単であったし、同じ材料の使いまわしができるので、増築、改築も容易だった。

さらに和小屋《わごや》と呼ばれるユニークな屋根の組み方が、15世紀に完成した。西欧の屋根は、トラス（各部材を連結して三角形に組み立てる構造）によって支えられていたが、日本では細くて短い木を、だましだまし組み合わせる、和小屋というシステムを発明した。その剛性の高い和小屋の屋根の下では、柱の位置さえ、自由に動かすことができた。建築を支える基本である柱は、動かないのが当たり前である。間取りを変えたくなったら、柱さえ自由に動かせるという日本の在来木造は、世界の様々な建築システムの中でも、全くユニークであり、奇跡的な建築システムである。

これだけの長い歴史、これだけの合理的で柔軟性の高いシステムを持つ日本木造の復活、逆転のためには、細い木材の利用が鍵であると僕らは考えた。木ならばなんでもいいというわけではない。北欧、ドイツ、カナダなどの木材先進諸国では、木の板を張り合わせ、太い柱や梁を使うことで、木材を復活させようと試みた。木材を接着剤で貼り合わせ、集成材やCLT（クロス・ラミネーテッド・ティンバー）と呼ばれる大断面のユニットを作り、その「大きな木」を用いて、耐震性の高い、中高層建築を作ることを目標として、激烈な技術競争が、世界で始まった。

しかし僕はその方向に違和感を覚えていた。木を使うことが大事なのであって、木で大きな建築や木の超高層ビルを作ることが必要なわけではない。「大きな木造」は、大きなことが善であった20世紀の工業化社会の悪癖を、いまだに引きずっているようにしか見えなかった。

木を使うことで、持続可能な、ゆるやかでやさしい循環システムを再構築することこそが、今の世界で一番大事なのである。細い木材を使い廻し、使い倒していく日本の在来木造は、その未来の循環のための、最上のヒントとなると感じられた。

そのために、新国立競技場では、徹底して、細い木を使うことにこだわった。外周を覆い、その下に快適な日陰を作る庇《ひさし》は、105ミリ角と呼ばれる細い材木で作られている。日本の在来木造は、10センチ角程度の細い材木を基本単位として作られ、105ミリ角の材木は、最も大量に供給され、最も安価で、コストパフォーマンスのいい材木であった。どこにでもある、普通の庶民的な材木であった。木造住宅の柱も、いまだにほとんどこの寸法の材木で作られていて、僕にとっては最もなじみの深い、安心できる寸法である。

その庶民的な材木を使うことが、21世紀の国立と呼ばれる競技場には、最もふさわしいと感じられた。特別な材料を使った、特別な形態の建築が、国の象徴となるという時代ではない。庶民的な材料、見慣れた、安い材料を使ったものこそが、「国立」の名にふさわしく、少子高齢化の地味で渋い日本にはふさわしいと、考えたのである。

ネーションステートを超える「国立」

現代の「国立」とは何か。現代において、「国」とは何なのかを考えた。ヨーロッパでは、市民革命によって国民国家（ネーションステート）が成立した後、国家という枠組みを象徴することが「国立」の建築には求められた。国民国家は、「単一民族」という一種のフィクションを大前提として世界を編成しようとする枠組みであったので、それぞれの民族の文化、伝統を象徴するような形態が追究され、その民族にいかなる形態がふさわしいかが、徹底的に議論され、時として激しい論争があった。たとえば19世紀イギリスにおいて、イギリスという国家にふさわしい建築様式は、ゴシック建築か古典主義建築かという論争が熱く繰り広げられたことは、その典型である。

20世紀初頭にモダニズム建築が世界を席巻して、この状況は一変した。モダニズム建築は、工業化社会という新しい社会にふさわしい、グローバルな建築様式、すなわち世界共通の「制服」を創造し、普及させることが目的であったから、国家や民族への関心は、ひとたび封印されたのである。

その一方で、20世紀は世界大戦の時代であり、国家がその死活を掛けて戦った時代でもあったわけで、国家を束ねるためのシンボルが不要になったわけではない。グローバリズムを指向する経済の世界と、民族主義を指向する政治の世界のはざまに、20世紀の建築家達は、宙吊りにされてしまった。解答は見えずに、政治と経済の間で、20世紀の建築家は彷徨《さまよ》い続けたのである。

しかし、唯一、モダニズムとインターナショナリズムの大義、大原則に関係なく、国家や民族という課題に挑戦できる場所が存在した。それは「新しい国家」という特殊な与件であった。

たとえば、1950年代にスタートした、コルビュジエによるインドのチャンディガールの一連のプロジェクトは、1947年に独立したばかりのインドという新しい国にふさわしい「国立」のデザインを追究したものであった。チャンディガールは、実際にはひとつの州都であったが、当時の首相ネールは、その新都市計画に特別の思い入れがあり、そこに新しい国家インドの象徴を求めたのである。宙吊りの緊張感の中で、コルビュジエは見事にこの課題に答えた。あるいは宙吊りの緊張感があったからこそ、この傑作は創造されたともいうことができる。

1971年に独立したバングラデシュという新しい国家のための国会議事堂（198

図41　20世紀を代表する傑作と言われる、ルイス・カーンの国会議事堂（バングラデシュ）

3、図41）も、アメリカの建築家ルイス・カーン（１９０１～１９７４）による、20世紀を代表する傑作である。彼はこの国の大地の美しさ、逞しい文化、伝統を象徴する見事なモニュメントを作りあげ、その古代の遺跡のような風格は、上空から眺めた人間が、本物の遺跡と錯覚したとも伝えられている。カーンは、人生の最後の数年をバングラデシュのために捧げ、帰国の途中、ニューヨークのペンシルヴァニアステーションで心臓発作で亡くなり、その遺体は数日間、身元不明者として扱われた。

丹下健三の１９６４年の代々木競技場は、そのような作品群と匹敵する、20世紀の傑作である。日本という国は決して新しい国ではなく、むしろ古すぎる国といってもいいかもしれないが、第二次大戦の敗戦により、この国は新しい国として再出発した。再出発せざるを得なかった。その新しい国をどう象徴するかを、丹下もまた、宙吊りの状態の中で模索したのである。

丹下の解答は、新しいテクノロジーを用いて、アイコンを創造しようという、アクロバットであった。20世紀の建築テクノロジーの本質は、同一の技術の反復による、空間の拡張、拡大であった。垂直方向の反復によって、超高層建築が可能となり、水平方向の反復によって、複数の敷地をまたぐような、巨大建築が出現した。工業化社会とは、反復という方法をベースにする、コスト削減と大量生産の時代であった。

しかし、反復とアイコンとは、そもそも相容れない概念だった。工業化とネーションステートは、本質的に矛盾する存在であった。反復することによって、中心は消滅し、世界はのっぺりした、退屈なものになってしまう。この矛盾を解くための解法が、吊り構造であった。天へと延びる高い柱から吊ることによって、中心を維持しながら、空間を拡張していくことができる。丹下は吊り構造を用いて、テクノロジーと象徴性の両立を達成したのである。

図42　唐招提寺の金堂の大屋根（奈良県奈良市）

柱から吊られた大屋根の曲面は、唐招提寺の大屋根（図42）にもたとえられた。現代技術による達成であると同時に、古代的な象徴性、力強さを兼ね備えていた。

代々木競技場は、１９５５年以降の日本のデザイン界を支配した、弥生対縄文という議論、すなわち伝統論争に対する解答でもあった。丹下の戦後のデビュー作となった、広島平和記念資料館は、その論争で、弥生的なものとして、批判された。確かに広島平和記念資料館の床は、弥生時代の住居のように、大地から浮いており、大地とは切り離されている。弥生的伝統は、その後の平安時代の寝殿造りへと受け継がれる、貴族的で、非民衆的なものとして、批判の対象となったのである。

コンクリートの均質なグリッドをベースとする広島の軽やかな表現は、日本という民族の再生を象徴するには、あまりにも繊細で、か弱いもの、すなわち弥生的なものとされたのである。かわりに称揚《しょうよう》されたのは、縄文文化の力強さであった。縄文土器の理性を超えた力強さの中にこそ、日本を再生させるエネルギーがひそんでおり、縄文こそが民衆的なものであると、アーティストの岡本太郎（1911〜1996）は主張して、丹下に代表されるモダニズム建築を批判した。

丹下の建築の基本的方法は、「止揚＝アウフヘーベン」であったと指摘されている。旧制高校でヘーゲルの哲学の「止揚」という概念に出会った丹下は、生涯その方法を基に建築をデザインしたといわれる。

代々木競技場は、その意味で、工業化とネーションステートという対立の止揚であり、弥生的なるものと、縄文的なるものの止揚であり、高度成長と大地の民衆との止揚であり、モダニズム批判に対する最終的な解答であった。岡本太郎的な、情念による恣意的、芸術的な造型ではなく、理性と現代の技術に基づいて、戦後日本を象徴させようというのが、丹下の提出した解答である。それが1964年の日本が提出した、工業化社会と国民国家（ネーションステート）とを両立させる模範解答だったのである。

しかし、丹下の模範解答の背後に、様々なものが隠蔽された。工業化以前の日本に存在していた様々な技術、各地方の様々なマテリアルが隠蔽され、小さな国からは想像できないような豊かな多様性が、ひとつの傑作、ひとつの美しい形態の背後に隠されてしまった。

僕らが探している新しい「国立」、新しい「国家」は、ひとつの形態によっては決して象徴することのできない、無数の小さく多様な物の集合でなければならない。多様で、バラバラで、ひとつひとつが違う顔を持った、小さな物、小さな個人のゆるやかな集合体でなければならない。細くて小さな材木をかき集めることで、その小さな物たちのやわらかな集合体を作ろうと考えた。現代の「国立」は、小さな物の、水平的で、ヒエラルキーのない集合体でなければならない。丹下が求めた空に届くような垂直性ではなく、水平こそが僕らの目標になった。

そして、その小さな物たちは、大都市の大企業だけが生産できるような「貴族的」で、排他的なものではなく、地方の小さな企業でも関われるような、民衆的で、開かれたものでなければならない。「国立」は、物理的に小さな単位の集合体であるだけではなく、その生産のプロセスにおいても、小さな単位（企業）の合作の産物でなければならない。

その「小ささ」の先にこそ、新しい日本の経済、政治がなければならない。

細い材木（小径木）を使って庇を作るだけではなく、大屋根を支える木材においても、小ささにこだわった。通常、このような部位に木を使う時は、1メートル、時に2メートルの断面寸法を持つような木の板を何枚も接着して作った、大断面の集成材が用いられる。欧米の最先端の木造技術は、そのような「大きな木造」へと向かっている。しかし、大断面の集成材は、コンクリートの柱や梁と同じようなごついスケール感を持ち、この地味な時代の日本、地味さの中に新しい幸福を見付けようとする日本には、ふさわしくなく、新しい「国立」には適さない、と感じられた。さらに大断面集成材は、都会の大工場でしか生産できない。

僕らは全く逆の方向をめざすことにした。地方の小さな工場でも生産することのできる、断面寸法30センチ以下の小さな集成材を、工夫しながら鉄骨と組み合わせることで、この大屋根に、森の木漏れ日のような効果を与えるのである。細い材木をだましだまし組み合わせるのは、日本の木造建築のお家芸だ。30センチ以下の細い材木で構成された屋根は、見た目もやさしくて、繊細なものになる。無骨なコンクリートと鉄骨で組み立てられていた、20世紀の巨大なスタジアムとは対照的な空間を生み出したかった。森のような繊細で開かれた空間こそが、僕らが向かいつつある地味な時代にふさわしい、と考えたのである。小さな材を使うことと同時に、異種の材料との組み合わせも、積極的に行った。日本の木造は、純粋さを追究した原理主義的な木造ではなく、すぐ手に入る身近な材料を巧みに組み合わせた、反原理主義的なだましだましのシステムであった。たとえば、日本の木造では、頻繁にやってくる地震に耐えるために、柱と柱の間の薄い壁や、欄間のような華奢なものさえ、上手に使っていた。

日本の土壁は薄くて、柱が10センチ角だとすると、壁は数センチの厚みしかない。一見、構造とは無関係なものに見えるあの薄い土壁が、地震の時には建物を守っていたのである。そして、竹、ワラ、糸屑などの身近な材料を上手に組み合わせることで、このやわらかくて、しなやかな強い土壁は構成された。木の柱と梁でできた骨組に、細い鉄骨という異種素材を組み補強するという手法も、日本の住宅ではごく一般的である。

このように身近にある日常的な材料をだましだまし使う方法を、人類学者のレヴィ＝ストロースは、ブリコラージュと呼んでいる。語源はフランス語の「繕う」「ごまかす」の意味を持つ bricoler であり、レヴィ＝ストロースは『野生の思考』（１９７６、みすず書房）の中で、設計図に基づいて物を作る「設計」とは対照的な行為として、ブリコラージュという柔軟な手法を取り上げた。新しい国立競技場は、現代のブリコラージュの産物である。

「国立」と森をつなぐ

僕らがもうひとつ大事にしたのは、建物と森とをつなぐことである。

建築の内と外とをつなぐというのは、20世紀建築の大きなテーマであった。石やレンガを積んで厚い壁の建築を作るやり方から、コンクリート、鉄の柱、大判のガラスを組み合わせて作る開かれた建築への転換が、20世紀初頭に起こった。ガラスを多用した、その透明な建築スタイルは、モダニズム建築と呼ばれ、人々を熱狂させた。建築家も建設業界もガラスの箱の大キャンペーンを開始したのである。人間はガラスによって再び自然とつながったと、狂喜したのである。

そのようなガラスの箱を縦に積み重ねた超高層ビルは、20世紀の都市のシンボルとなり（たとえばミース・ファン・デル・ローエとフィリップ・ジョンソンのシーグラムビル、1958）、新しい時代の新しいワークスタイルやライフスタイルの象徴ともなった（たとえば新宿の超高層ビル群)。郊外という新しくできた「素敵な環境」に暮らし、ガラスのタワーで働くというのが、最もかっこいいとされたのが、20世紀という時代であり、工業化社会という文明であった。

その大きなガラスは、本当に内と外をつないでいたのだろうか。確かに視覚的には、内と外はつながっていて、ガラスの箱の中からも、外の景色を眺めることができた。外を歩く人々も、内で何が起こっているか、大体察することはできた。

しかし、実のところ、内と外は、少しもつながっていなかった。むしろモダニズム建築によって、このガラスの箱によって、自然と人間とは決定的に切断された。内部の環境、すなわち室内環境は、膨大なエネルギーを消費する空調機システムによってしか、制御できなかったからである。その空調機を廻し続け、その箱の中の照明器具をともし続けるために、石油を垂れ流し続ける必要があり、安全性も不確かな原子炉を廻し続ける必要があったのである。そのガラスの箱と郊外を通勤するために発明された自動車という道具も、石油の垂れ流しに支えられ、走り廻っていた。それが、20世紀という時代の正体であり、ガラスの箱の正体だったのである。

アメリカで発明されたこのシステムは、あっという間に世界に伝播し、第二次大戦後の日本は、そのシステムを最も見事に学習した。日本は20世紀システムの優等生であった。

このシステムの破綻を、決定的な形で人々につきつけたのは、2011年3月11日の、東日本大震災であった。20世紀の人類が築き上げてきたシステムが、いかにもろく、いかに傲慢であったかを、大地震と大津波とが、われわれに教えてくれた。最高の優等生が、最ももろかったというのは、歴史の皮肉とも、必然とも感じられる。

20世紀の人類は、コンクリートと鉄とガラスを使って、人工的な箱を次々と建設し、増殖させ、世界を覆いつくした。このガラスの箱は、工業技術の力によって万全な強度を持ち、人工的な空調システム、給排水システム、照明システムによって、人間に完璧な環境を提供する――完璧な箱であると、人々は確信し、うぬぼれていたのである。

しかし、自然という大きなリアリティの前では、このガラスの箱は何物でもなかった。この箱を支えていたはずの原子力のシステムも、大きな波に洗い流されて機能を失い、機能を失っただけではなく、放射能を周囲に撒き散らした。

20世紀というシステム、工業化社会というシステムが、そしてその象徴であったコンクリートとガラスと鉄でできた箱が、いかに傲慢で無力であったかを、われわれに、つきつけた。

２０２０年のオリンピックの会場となる国立競技場は、３・11がつきつけたものをしっかりと受け止め、反映したものにしなければならない。ガラスによって内と外をつなぐというのは、そのシステムで利益を得ているインフラ産業、建設産業が考え出した工業化社会のフィクションである。

ガラスによって、内と外とを区画するのではなく、大きな庇を張り出すことによって、涼しい風の通る、気持ちのいい内部を作り出そうと、僕らは考えた。庇によって守られたその場所は、もはや内部と呼ぶ必要もない。それは内部でも外部でもなく、ただ人間という弱い生き物が、自然というとてつもなく大きくて厳しいものの中で、だましだまし、なんとかギリギリ暮らしていくことのできる、ささやかな場所なのである。

そもそも、そのような考え方、そのような自然観に基づいて、日本の建築物は作られてきた。たび重なる地震、災害が、自然というものの大きさ、強さ、そして人間というものの弱さ、はかなさを日本人に叩きこんできた。だから、日本人は、閉じた箱を作ろうとせず、庇や縁側といった曖昧な装置を使って、自然に開きながら、自然の美しさを身体で感じながら、自分達のささやかな場所を確保してきたのである。

２０２０年の国立競技場のデザインのベースになっているのは、この日本の知恵、諦め、謙虚さである。

大きな庇を重ねることで、弱い人間を守るというのが、新しい国立競技場のデザインの基本的な発想である。箱に閉じ込めて、人間を守ろうとすると、その箱の環境を維持するために、さらなる人工的なシステム（たとえば空調、照明）を構築しなければならず、そのシステムを維持するために、莫大なエネルギーが必要となる。無理なシステムの上にさらなる無理なシステムを重ねなければならず、嘘の上に嘘を重ねなければならない。その結果、地球という繊細な場所、繊細なバランスは破綻してしまう。

箱のかわりに、庇を重ねてできる新しい国立競技場では、風と光の計算が極めて重要になる。日本人は昔から、風と光を上手に取り入れ、あるいは上手に防ぐことで、自分のまわりの環境を守ってきた。どの季節にはどのような風が吹き、どの季節のどのような時間には、どのような光が射すかを計算しながら、庇の深さ、高さ、形状を決定してきたのである。

今回の競技場のような大きくて複雑な建築となると、その計算の複雑さは半端ではなくなる。コンピューターの助けを借りて、風と光を計算した。また、大屋根の一部を透明にして、太陽の光を上手に採り入れて、芝生を育て、観客席を明るくしようとした。屋根のどの部分を透明にするかを決めるのに、コンピューターの御世話になった。20世紀的な空調システム、照明システムに頼らずに、気持ちのいい人間の居場所を作ろうとするならば、コンピューターと一緒になって、細かな計算、細かな配慮を積み重ねていかなければならない。

その大きな庇の重なりの下には、様々な気持ちのいい陰が生まれる。谷崎潤一郎の『陰翳礼讃』（1939、創元社）は、陰のことなど考えたこともなかったモダニズム建築家達に大きなショックを与えたが、国立競技場は、「陰」や美しさ、陰の快適さが感じられる場所である。

建物の最上部を一周する大きな庇を「風の大庇《おおびさし》」と名づけ、その庇の下に、「空の杜」という名の、一周約850メートルの空中の散歩道ができた（図43）。外苑の森の中に浮かぶこの散歩道から眺める外苑の森は格別である。森が見えるだけではなく、森の風が吹き抜ける（図44）。ガラスの箱を森の中に作っても、森をこのように身近に感じることはできない。開かれた庇だからこそ、僕らは森を感じ、森とひとつになることができるのである。

図43　「国立競技場」の「風の大庇」（上）と「空の杜」（下）

庇は一階部分にも廻り、外苑の緑と土とスタジアムとを、ひとつにつなげている。スポーツイベントは、毎日開かれるわけではない。スタジアムは、スポーツイベントのためだけの建築であってはならない。スタジアムは、いつも僕らと一緒にあって、いつでも僕らと会話できる場所でなければならない。そのために、樹をたくさん植え、雨水を集めてせせらぎを流し、スポーツ競技が行われていない日も、このスタジアムと僕らは、いつもつながっている。ガラスによってつながるのではなく、庇によってつながっている。

21世紀とは、人々が庇でつながる時代である。人々と自然が庇でつながる時代である。様々な自然、様々な場所と、様々な人々とが、様々な仕方でつながる時代である。小さな部材を水平に組み合わせて作った庇の中に、産業資本主義でも、金融資本主義でもない新しい経済が見える。工業化とＩＴの先にある新しい生活、ネーションステートとポピュリズムの先にある新しい国家のヒントが見える。

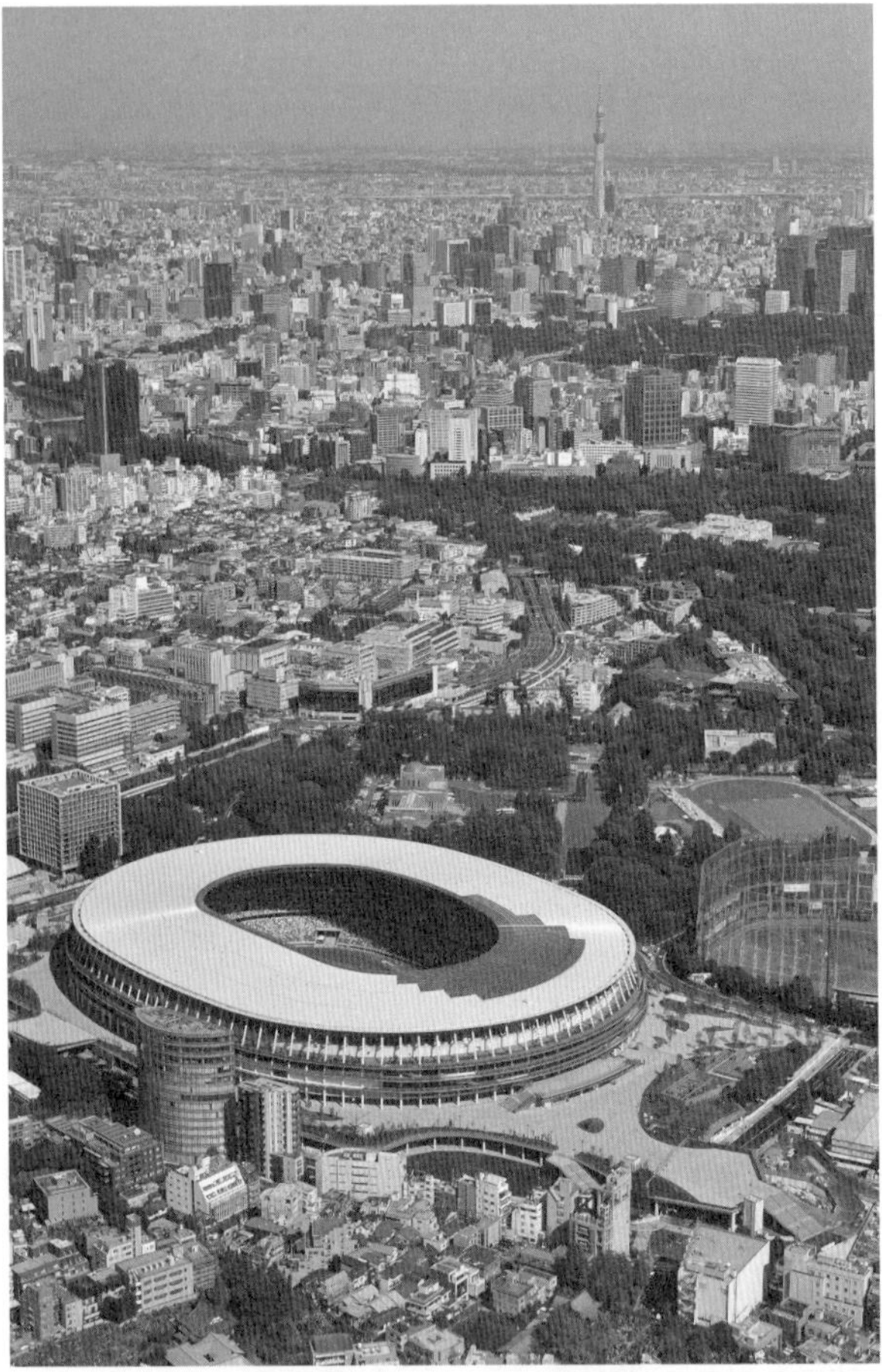

図44　空から見た「国立競技場」

協力：隈研吾建築都市設計事務所（稲葉麻里子）

写真・図版
図１：©チョーチ
図２：大磯町郷土資料館提供
図３：㈱カブキ座提供
図４：公益財団法人大倉精神文化研究所所蔵
図６：Attribution: Ethan Doyle White
図７、図22、図23：新潮社写真部
図８：新潮社写真部（本田武士）
図９：日本銀行旧小樽支店金融資料館所蔵
図10、図15、図39、図42：新潮社写真部（広瀬達郎）
図11、図24：モグ
図12：©ムーンライズ
図13：Creative Commons;Villa Savoye/Author Valueyou
図14：©shin
図16：Universal Images Group/imagenavi
図17：広島広域観光情報サイトひろたび
図18、図19、図32、図33、図38：隈研吾建築都市設計事務所（撮影：藤塚光政）
図20：隈研吾建築都市設計事務所（©Ross Fraser McLean）
図21：『丹下健三』（丹下健三・藤森照信著、新建築社）より
図25、図26：東京大学 原広司研究室（当時）所蔵
図27：『集落への旅』（原広司著、岩波新書）より
図28：©MARIA TERARIETTA
図30：隈研吾建築都市設計事務所（撮影：太田拓実）
図31：檜書店提供
図35：Creative Commons;China Central Television Headquarters/Author Yeti-Hunter
図36：隈研吾建築都市設計事務所（撮影：淺川敏）
図37：Nikada/Galaxy Soho/Getty Images
図41：©わん
図42：律宗総本山 唐招提寺協力
図43：写真提供：独立行政法人日本スポーツ振興センター
図44：新潮社写真部（福田正紀）

隈 研吾　1954(昭和29)年、神奈川県生まれ。79年東京大学大学院建築学科修了。コロンビア大学客員研究員、慶應義塾大学教授を経て、09年より東京大学教授。著書に『負ける建築』『建築家、走る』等。

Ⓢ新潮新書

848

ひとの住処《すみか》

1964-2020

著　者　隈《くま》 研吾《けんご》

2020年2月20日　発行

発行者　佐藤隆信

発行所　株式会社新潮社

〒162-8711　東京都新宿区矢来町71番地
編集部(03)3266-5430　読者係(03)3266-5111
https://www.shinchosha.co.jp

印刷所　錦明印刷株式会社

製本所　錦明印刷株式会社

ISBN978-4-10-610848-8　C0252

価格はカバーに表示してあります。